こう考えれば、もう少しがんばれる

どんな場合でもめげない考え方の習慣

心理カウンセラー
池谷直士
Naohito Ikeya

実務教育出版

こう考えれば、もう少しがんばれる

池谷直士

はじめに

「どんな場合でもめげない考え方」を習慣にすること。

それは、だれにでも簡単にできることです。

あなたの物事を見る視点や、あたり前だと思ってきた考え方をほんの少しだけ変えてみる。

みんなが常識だと思ってきたこと、正しいと信じて行動してきたことをほんの少し疑ってみる。

それだけで見違えるように、「どんな場合でもめげない考え方」を習慣にしていくことができるようになります。

こんなことを言うと、みなさんから、「どうしてそんなにはっきりと確信をもって言えるのですか？」という疑問の声が聞こえてきそうですね。

私たちは、家庭でも学校でも職場でも、物質的な豊かさを得て安定した生活を手に入れるための教育というものはさんざん受けてきていますが、「心のあり方」についてのきちんとした教育は、ほとんどの方が受けてきていないのです。

心の教育を受けていないのですからわからない！　難しい！　大変なことだと思ってしまうのも当然です。

ただそのノウハウさえわかれば、人はだれでも自分の力でもっと楽に、楽しくスムーズに人生を生きられる！

そして、それはみなさんが思っているほど難しいことではない……。そんな楽しく無理なく日々の生活で実践していく方法をお伝えしたいのです。

私は11年間にわたってカウンセラーという仕事に従事していますが、その大半は多くの人たちの「どうしたらめげない考え方ができるようになるの？」という疑問を解決するお手伝いです。

小学生から九十代のおばあちゃんまで、北海道から石垣島まで、ときにはアメリカやドイツといった海外にまで及ぶ大勢のクライアントさんたちとの出会いから学ぶこともたくさんありました。

私はカウンセラーという仕事に加えて、福祉事業を営むＮＰＯ法人を運営しています。障害のある方たちの通所施設や訪問介護事業、心の相談事業（カウンセリング）等がおもな事業です。

カウンセラーであり、経営者であり、夫であり、父親である私が、ひとつだけ他のカウンセラーや経営者と決定的に違う部分があります。

それは、「超重度障害者」であるということです。

私は、生まれつき脊《せき》髄《ずい》性《せい》筋《きん》萎《い》縮《しゅく》症《しょう》という現代医学でも治療法のない難病を抱えています。

生まれたときから自分では体を動かすことがまったくできません。

赤ちゃんの頃から寝返りもハイハイもしたことがなく、自分の足で歩いたことも立ったこともありません。

体中の筋肉がどんどん萎縮し、やがては自分で話すことも呼吸をすることもできなくなっていく病気です。

幼い頃通院していた東京大学附属病院では、「5歳までの命」と告げられたそうです。

両親は、とにかく普通の子と同じように育てようという気持ちで私を育ててくれました。

両親や弟妹だけではなく、親戚や周囲の人たちのあふれる愛情を受けて、私は5歳どころか、48歳になるいまも人生を楽しんでいます。

もちろん、辛く苦しいこともたくさんありました。生きていることが申し訳なくなり、消えてしまいたくなるときもありました。

そんなとき、私の人生を180度変えてしまう運命の出会いがありました。

それは、医師である妻・真苗《まなえ》との出会いです。

いつ命が尽きるともわからない超重度障害者と一緒に人生を歩む決意をしてくれた妻は、私にこんなことを教えてくれました。

「障害があるとか、自分でお金を稼げるとか、そんなことは関係ない。人として大事なことは、どんなときでも明るく前向きに生きていく勇気を持っていること。お金なんて稼げる人が稼げばいい。あなたには、社会のために貢献することを考えていってほしい……」

医師である妻との結婚を「日本一の格差婚」と、私は呼んでいます（笑）。

いま私は、首もうまく座りません。

手も足もまったく動きません。

食べ物も刻んだりミキサーにかけなければ飲みこむこともできません。

文字も書けません。

パソコンのキーボードも打てませんから、音声入力ソフトを使ってマイクにしゃべり、文字を打っています。この本もソフトを使って書いています。

毎年、できないことがどんどん増えています。

しかし同時に、健常者でもなかなか叶えられない大きな夢をどんどん叶えることができています。

それは、「どんな場面でもめげない考え方」を習慣化することができているからなのです。

本書を読んでもらえればわかりますが、私は決して強い人間でも、順風満帆な人生を送ってきたわけでもありません。

そんな私が自由な心で自由に生きたいように生き、やりたいようにやれているのですから、当然みなさんも同じようなことができるのです。

この本は、「もっと自由に、自分らしく、人の目を気にせずに自分の人生を堂々と生きていきたい」という人たちに向けて、「こう考えれば、もう少しがんばれるよ！」という実践的な方法について書いた渾身のメッセージ集です。

この本を手に取ったすべてのみなさんが心豊かに充実した毎日を過ごすことが、私の最大の願いであり、喜びです。

池谷直士

Contents

こう考えれば、もう少しがんばれる

第1章 「大変だね」と言う人は助けてくれない

第2章 親、結婚相手、浮気……

第3章 小さな努力を馬鹿にしない

第4章 自分の〝闇〟が武器になる

装丁／西垂水敦（krran）
写真／高橋郁子
本文デザイン・DTP／ISSHIKI

第1章

「大変だね」と言う人は助けてくれない

「嫌いな人」ほど大切なことを教えてくれる

カウンセラーという職業を選び、10年以上が経ちました。

その立場の私が言うのもなんですが、私にも嫌いな人がいます。大嫌いで顔も見たくない人もいます。さすがに、人にアドバイスをする立場ですから、何とか試行錯誤して乗りこえてきましたが、「嫌いな人には会いたくない！　自分の視界には入ってこないでほしい……」という思いがあるのは、みなさんと何も変わりません。

では、どのようにして「嫌いな人」に対する考え方、受けとめ方を変えてきたか……ということを話していきます。

こういう視点で「嫌いな人」を見ることができれば、決して好きにはなれないかもしれないけれど、受けとめられるようにはなる、感謝だってできるようになる、という見方をお伝えしましょう。

私が、最も嫌いな人。
それは、『あなたのためを思って』と善人ヅラをしながら人を押さえつけ、思いどおりに動かそうとする人」です。

二十代から三十代前半の頃の私は、何も仕事をしておらず、自分の方向性すら見つけだせずにいました。どの道に進んだらよいかもわからず、働きたいけど働かせてもらえる場所がない、何かを自分でやりたいけれどそれだけの力も才能もない……。
深い暗闇のなかをさまよい歩きつづける日々を過ごしていました。

まわりにいる人たちは障害があろうがなかろうが、ほとんどが一般企業に就職し、大企業に入って活躍している友人、知人もいました。

そんななか、自分だけが毎日家のなかで悶々《もんもん》と過ごしていることが情けなく、何も社会の役に立っていない価値のない自分に対して強い憤りとコンプレックスを抱いていました。

にもかかわらず、私はよく嫉妬の対象にされました。

理由は、重度障害があるにもかかわらず、男女問わずたくさんの仲間がいて、みんなと仲よくやれていたからです。そして、何でも柔軟に受けとめ、応援してくれる家族がいたこと。さらにすてきな女性たちに囲まれ、ちょこちょこ彼女もできたりしていたので、嫉妬されていたのだと思います。


いくら仕事をしていない、稼ぎがないといっても、人にはかなり恵まれていましたから、「重度障害者のくせに！」という嫉妬心を抱いている人も少なくありませんでした。


そして、こんな態度で接してくる人たちもいました。

「あなたはどんなに偉そうなことを言っても働いてないよね……」

「外に出て働いていないんだから社会性がないよね。だから自分たちが見守っていてやらないと……」

「どうせ世間知らずなんだから、いろいろ指摘して教えてあげないと……」

自分ができないことを支援してもらうためには、そういった態度にも目をつぶり、我慢していました。

本当に辛《つら》い日々でした。それでも明るく元気で前向きにやってこられたのは、そんな態度とは無縁のよき友人がたくさんいてくれたからだと思います。

「もう会いたくない！　関わりたくない！」と思う相手がいても、結局、嫌われるのが怖かった私は、彼らと縁を切ることができずにいました。


ところがあるとき、コンプレックスが強いのは私ではなく、「あなたのためを思って」などと言いながら接してくる人たちのほうなのだ、その人たちは、自分たちより下だと見下してきた私が築きあげてきた人間関係に依存しなければ生きていけない弱さを隠し、あたかもあなたを援助しているという態度で、私が一生懸命築いてきたものを都合よく利用しようとしていた……ということに気づいたのです！


結局、その人たちとは絶縁しました。

縁を切る前、私はどうして彼らと離れられなかったのだろうか？　とても嫌いなのになぜ離れることができなかったのだろうか？　と、自分自身を見つめなおし、ある重大なことに気づいたのです。

「この人たちが抱えていた闇は、自分の中にもある闇だった！」

そうなんです。嫌いな人のなかにある嫌な部分は、必ず自分のなかにもあり、嫌いな人とは、自分が成長するために改善すべき点を見せてくれている人だったのです。

つまり、私が人生の重要な場面で自分の足を自分で引っ張ることがないように、修正点（欠点）を教えてくれた「反面教師」でした。

当時の私は、「自分はもっといろいろなことができる人間だ！　健常者にナメられたくない！　負けたくない！」と張りあって背伸びをし、肩肘はって生きていました。

そんな気持ちでは、常に人生の中心が他人になってしまい、自分の人生をきちんと生きられるわけがありません。それを教えられたと気づいたとき、自然と彼らに感謝をしていました。

そのことに気づかなければ、人と張りあい、上から目線で相手を見てしまう嫌な人間として年を重ねていたでしょう。カウンセラーも、経営者も、そんな姿勢ではとても務まりません。

「反面教師」たちに感謝して縁を切ってからは、憑《つ》き物が取れたかのように人生が180度変わっていきました。さらに人との縁に恵まれ、カウンセリング事業を開業し、妻との間に子どもをもうけ、社会貢献したいという思いから経営者としての道も歩みはじめました。

「嫌いな人ほど偉大なる教師である！」

このことに気づき、感謝することができれば、みなさんも人生を必ずよい方向に変えていくことができるでしょう。

仲がよかった友だちに嫌われてしまう理由

「いままで仲がよかったのに、急に嫌われてしまった！」という経験が、みなさんにはないでしょうか？

昨日までは普通に話したり遊んだりしていたのに、急に相手の態度がよそよそしく冷たくなった、無視されるようになった……なんてことが現実に起こったりします。

私にもそういった経験がありますが、なぜいままで仲がよかったのに急にそんな態度をとられてしまうのでしょうか？

それは、「あなたがいい人を演じていた」からなのです。

嫌われることを恐れて、いい人になりすぎてはいなかったでしょうか？相手に嫌われるのが嫌で、自分を抑えて相手と接してしまったり、本当は違う意見を持っているのに黙ったまま付きあったりしていると、相手はそれが本当のあなただと勘違いをしたまま接してくるようになります。

でも、あるとき本当の気持ちを抑えていることに我慢ができなくなって、いつもと同じように接してきた相手に苛立《いらだ》ちをぶつけてしまったり、急に本心を言ったりしてしまいます。それで相手がショックを受けてしまうのです。

ショックを受けた相手は、大抵次の三つの態度のうちどれかを向けてきます。

①「あなたがそういう人だとは思わなかった！」と、攻撃的に怒りを表し、距離を置いてくる。
②傷ついて何も言わず、あなたの前から去っていく。
③「これからはもっと正直に自分の気持ちを出して付きあってほしい」と、建設的な関係を提案してくる。

①と②は、あなたに裏切られたという思いであなたから去っていくタイプの人たちです。あなたにとって大切な人であり、今後も付きあっていきたいと望んでいないかぎり、追いかけなくてよいでしょう。

③のような姿勢で向きあってくれる人とは、これからも建設的なよい関係を築いていけますので、あなたはもっと自然に自分の気持ちを出していきましょう。

私の場合、障害があるが故に様々な面において誰かに手伝ってもらわなければなりません。やってもらっている立場なんだから自分の思いを言いすぎてはいけない、相手のことを受け入れて自分が従っていればそれでうまくいく。そんな「いい人」を演じていた時期もありました。

これは謙虚な態度にも見えますが、嫌われたくないからと自分の思いをきちんと伝えないという行為は、相手と対等な立場に立っておらず、実は「どうせ自分の本心を言っても相手は受けとめられないだろう……」という「上から目線」で相手のことを見ている傲慢な態度にほかなりません。

実は、自分が遠慮しているのではなく、相手を馬鹿にしているのです。

私は仕事柄たくさんの人にお会いします。毎週メルマガを発行し、ブログやフェイスブックといったSNSを活用し、自分の思いを積極的に表現しています。

毎日楽しみにしてくれている人も大勢いますが、なかには「言いたい放題言いやがって！」と思っている人もいるかもしれません。

しかし、自分がどういう人間なのかをきちんと理解してもらうことは、充実した人生を生きていくうえでとても大事なことだと思っています。

嫌われようが非難されようが、私が私以外の人物になることはできないわけです。

みなさんも同じです。嫌われたくないからと、相手に合わせてばかりいると、冷静になって自分の生き方を振り返ったとき、どれだけの人が自分のことを本当に理解しわかってくれていたのだろうか……と愕然《がくぜん》とすることになるでしょう。

相手を怒らせたり、「裏切られた!」と思わせないためにも、嫌われることを恐れず、最初からどんどん本当の姿を出していくことが大切です。

あなたが自分の気持ちに正直に生きていけば、それ自体がフィルターの役割をしてくれますので、結局あなたにとってふさわしい人間関係だけが残るようになっていきます。いい人を演じる必要なんてまったくないのです。

私たちは、誰かの気持ちを満足させるために生きているわけではないのですから。

私の場合、障害があるが故に様々な面において誰かに手伝ってもらわなければなりません。やってもらっている立場なんだから自分の思いを言いすぎてはいけない、相手のことを受け入れて自分が従っていればそれでうまくいく。

そんな「いい人」を演じていた時期もありました。

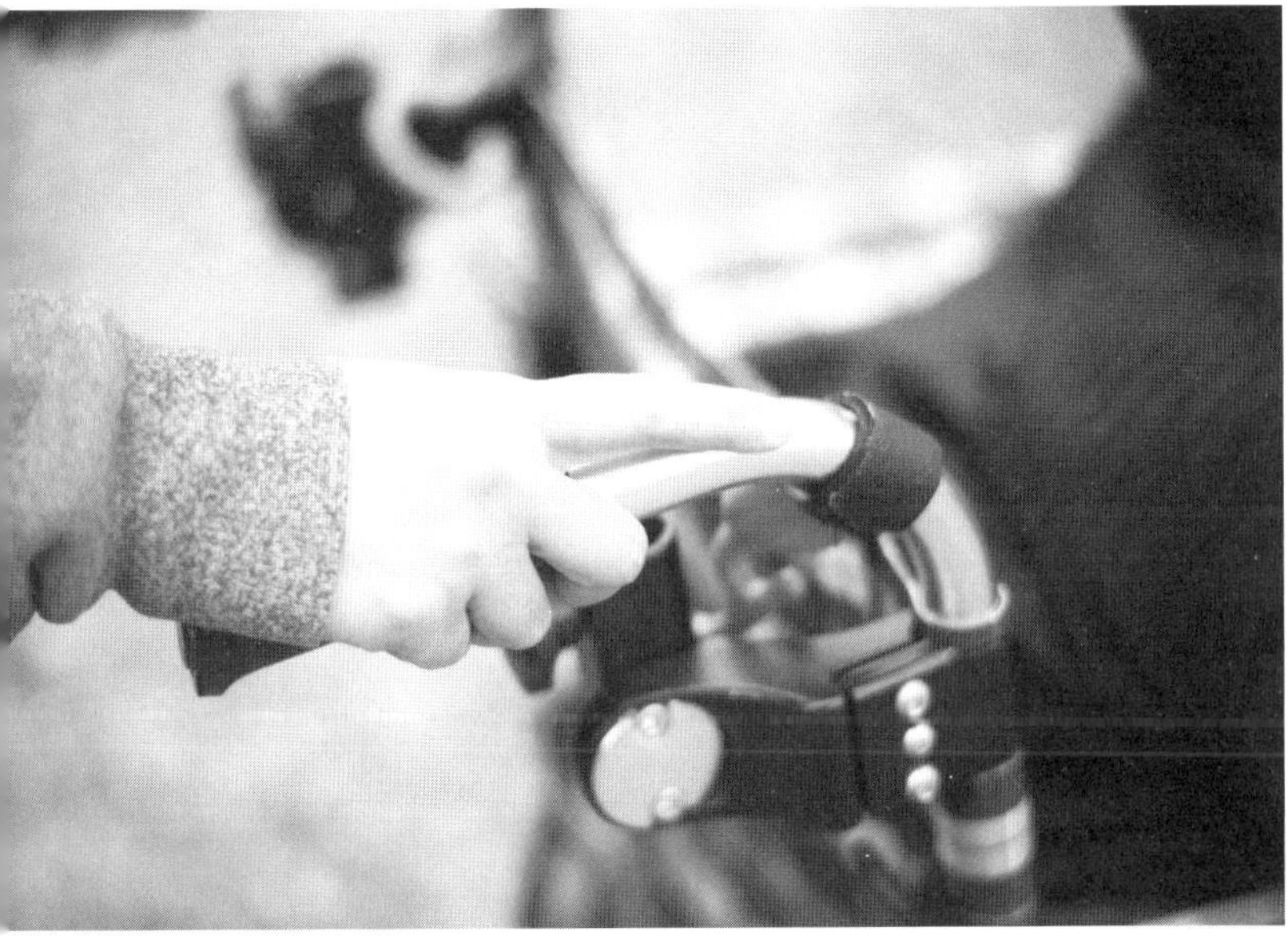

「大変だね」と言う人は助けてくれない

小学生の頃の私は、外に出かけるのが大好きでした。毎日のように祖母に散歩に連れて行ってもらったり、母に買い物に連れて行ってもらったりしていました。

買い物の最中、母の知り合いに会うと、よくこんな会話を耳にしたものです。

「あなたに障害のある子どもがいたなんて知らなかったわ！　あなたも、こういう子を抱えて苦労してたんだね～。本当に大変だね……」

母が、相手に合わせながらも、ちょっと困惑したような表情をしていたのをいまでも鮮明に覚えています。

「大変だね」「苦労するね」「がんばっているね」

この三つの言葉は、重度障害の子どもを持つ親が言われる鉄板フレーズといってもいいでしょう。言う側に悪気がないのはわかっていますが……。

弟妹も学校の先生や友だちに「お兄さん、障害者で大変だね」なんてよく言われたようですが、「全然大変じゃないよ」と返していたそうです。実際に大変じゃないのに、なぜまわりの人たちがそこまで大変だと言うのか不思議だったそうです。

私も、両親や弟妹、親戚、身近にいる仲のよい人たちが、みんな大変で苦労しているようには見えたことがなかったので、「大変だね」といろいろな人たちから言われると困惑してしまいました。「自分って、そんなに大変で迷惑な存在なのかな?」と、子どもながらに家族やまわりの人たちに何かを頼むことを申し訳なく思ってしまうことも多々ありました。

本来なら、一番身近で世話をしてくれている家族や親戚、仲のよい人たちこそ「大変だ」という言葉を口にしてもよいはずなのに、何もやっていない人たち、ましてや初めて会った人にそんなことを言われるなんて、どう考えてもおかしい！　と思っていました。

その後社会に出て様々な価値観を持つ人たちと出会い、いろいろな経験をしていくなかで、ある法則がわかってきました。

それは、「『大変だね』と言う人は助けてくれない」ということ。

さらに、どうして「大変だね」と言う人は助けてくれないのか？

という疑問の答えも知ることができました。

「大変だね」と簡単に言えてしまう人は、相手を助けたり協力していくとか、もっと言えば相手と心を通わせて付きあっていくというイメージが持てていないのです。

つまり、相手の人生に関わっていく気持ちがない、一線を引いておきたいからこそ出てくる言葉なのです。

でも、薄情だと思われるのも嫌だから、とりあえず「大変だね」という言葉で同情心を見せているのです。

人が本当に相手のために何か役に立ちたいと思ったときは「大変だね」という言葉ではなく、「困ったことがあったら言ってくださいね」とか、「何か私にできることはありますか？」という言葉になるのです。

なぜなら、相手と何らかの関わりを持っていきたい、お手伝いをしたいと本心から思っていると、「自分がどうしたら役に立てるのか？　喜んでもらえるのか？」ということをイメージしはじめるからです。人は、イメージできないことを行動に移すことはできません。

ここでひとつエピソードをお話しします。

私が、まだ妻と交際を始める前のことです。

共通の友人の紹介で知りあい、友だちとして一緒に遊ぶようになったある日、電話で突然こんなことを口走ったのです。

「あぁ……。池谷《いけや》さんが健常者だったらよかったのにな……」

この言葉を聞いて、私は本気で、「これからは恋人として付きあえるようになる！」と確信しました。普通はこんなことを言われたら、「障害者の自分とは付きあえないんだな」と受けとめてしまい、激しく落ちこんでしまうものだと思います。

でも、私は心のなかでガッツポーズをしていたのです！

だって、「健常者だったらよかったのにな……」という言葉の裏には、私との交際がイメージできているという意味があるはずだから。つまりこれは「健常者だったら完全に私はあなたと付きあっていますよ！」というメッセージであり、それならあとは、障害者でも問題なく付きあえますよという現実を作りあげていけばよいだけなのです。

とにかく「障害者だけどまったく問題ありませんよ」ということをひとつひとつ丁寧に話しあっていくことで、将来のイメージがクリアになっていきました。どういう話でクリアにしていったのか？ そのあたりのことは、また別の機会に。

もし、当時の妻に、「池谷さん、大変だね」と言われていたら、私はあきらめてしまっていたかもしれません。妻と出会って交際がスタートしても、彼女は一度も「大変だね」と言ったことがありません。

「大変だね」という言葉を言われていなかったからこそ、「健常者だったらよかったのにな……」というひと言で「うまくいく！」という確信が持てたと思っています。

私は現在、重症心身障害のある人たちの通所施設や訪問介護事業所を運営していますが、一度だって利用者さんに「大変だね」という思いを持ったことがありません。ご家族に対しても同じです。

一緒に歩んでいくために介護事業所の運営をしているわけですから、ただ支援が必要な部分においてサポートをしていけばよいだけの話だからです。

一緒に歩むということは、よいことも悪いことも分かちあっていくということです。何も大変なことではありません。

「大変だ、大変だ」と言う人で、本当に大変な思いをしている人を私は見たことがありません。本当に大変な思いをしている人ほど、それを表面には見せずに、淡々とやっているものなのです。

同時に、「大変だね、大変だね」と言う人に本当に助けてもらったという経験も私にはありません。

「大変だね」と簡単に言ってくる人は、あなたとの関係において一線を引いておきたいと思っている人ととらえて間違いないでしょう。

人が本当に相手のために何か
役に立ちたいと思ったときは
「大変だね」という言葉ではなく、
「困ったことがあったら
言ってくださいね」とか、
「何か私にできることは
ありますか？」
という言葉になるのです。

どんなにいい人でも「ゴシップ好き」は信用しない

「信用できない人とは？」と訊かれて、みなさんはどんな人をイメージするでしょうか？

嘘《うそ》をつく人、人によって態度を変える人、約束を守らない人、言うことがコロコロ変わる人、やたら調子がいい人などといったところは、確実にイメージされると思います。

もちろん、こういう人たちは「信用できない人」に当てはまりますが、私が真っ先に挙げるのは、「ゴシップをふれまわる人」です。

ゴシップとは、個人的な事情についての興味本位な噂《うわさ》話のことですが、このゴシップ好きを信用しないようにしています。

嘘をついたり、約束を守らなかったり、人によって態度を変えるというようなことは、確かに迷惑を被りますが、当事者として関わった人が、その相手を次から信用しなければよいだけの話です。被害としては、相手と自分の間だけで終わります。

しかし、ゴシップは自分の知らないところで勝手に話が広がっていくため、本人が関わっていない状態でおとしめられていくことになります。場合によっては、大損害を受けることもありますし、心の弱い人は立ち直れないほど傷ついてしまうこともあるでしょう。

私のエピソードをひとつ紹介します。

ＮＰＯ法人の運営を始めてしばらく経った頃、ある噂が耳に届いてきました。

「ハーモニー（私が運営するＮＰＯ法人）は理事長（私のこと）の給料がかなり安いらしい。理事長の給料がそれだけ安いのだから、職員にも給料が払えなくなる。だから、あそこでは働かないほうがよい……」という噂。

もうひとつの噂が、新規事業を始めてある程度軌道に乗りだした頃に耳にした、「ハーモニーの職員がみんな辞めてしまっていて、あそこは大変みたい……」という噂。

どちらもまったく根拠のないゴシップなのです。

私の給料が安いのは事実ですが、まったく生活に困っていないし、私自身がその金額でよいと思っているからそうしているだけの話。

また、過去に一度も職員の給料を払えなかったことも遅れたこともありませんし、むしろ毎年昇給しています（笑）。

さらに言えば、新しい事業を開始してからひとりだけ本人の事情で退社したケースはありましたが、他には誰も辞めておらず、正直「よくこれだけでたらめなゴシップを流せるものだなぁ」と感心したものです（笑）。だって、たったひとりが「みんな」になってしまうのですから！

嫉妬ややっかみもあるのでしょうが、それを聞いた人たちは、どういう反応を示すでしょうか？

「そんな噂、実際に確認したわけではないのだから鵜呑《うの》みにしたらまずいでしょ……」と言える人たちばかりなら何も問題はありません。

しかし、うちのNPO法人で働きたいと思っていたり、利用したいと考えている人がいたら、やめてしまうかもしれません。

何より、いま働いてくれている職員や協力してくれている仲間たちがとても嫌な思いをすることでしょう。

誠実に生きている人たちをおとしめていくのがゴシップの特徴です。

根拠のないことを確認もせずふれまわる行為は、ふれまわっている本人は気持ちよいかもしれませんが、知らないところ、関係のないところで多くの人が傷つき、また場合によっては多大な損害を被る可能性がある、ということに気づかなければいけません。

たとえ根拠のある事実だったとしても、個人的なことをおもしろおかしく興味本位でふれまわるのはよいことではありませんね。

厄介なことに、ゴシップをふれまわる人というのは、得《え》てして「いい人」として映ることが多いのです。

ゴシップをふれまわる人が誰からも嫌われていたり、どこから見ても悪人であれば、ほとんどの人が信用しないでしょう。

でも、表面的にいい人だと、信用してしまうことが案外多いのです。また、

あなたの前で他人のゴシップを言うのが好きな人は、必ずあなたのことも他の人の前で言っています。

いい人だからと錯覚し、ついつい本音を言ってしまうと、その本音が知らない間に広まっていて、いつの間にか悪者になっていた！　なんて話はよくあります。しかも、尾ひれどころか背びれ胸びれまでついて……。

カウンセリングの現場でも、多くの人がゴシップがらみの被害相談にやってきます。

適度に相手に合わせてうまくやっているうちはまだよいかもしれませんが、ちょっと相手を非難したり、噂話の的にされている人の味方をすると、途端にあなたの誹謗《ひぼう》中傷や悪口をまき散らされて、とんでもない目に遭うことだってあるのです。

だから、私はどんなにいい人であっても、ゴシップ好きな人を信用しないことにしています。ゴシップをふれまわる人は、自分が持っている情報には価値があり、それ故に自分

は大切にされている……というとんだ勘違いをしています。

「あなたの情報には何の価値もない！」ということをしっかりと教えてあげましょう。

「ふーん、そうなんだ〜」と興味のない返事をし、目も合わせず、「あっ、いまからちょっと用事があるから！　じゃあ、また今度！」と言って、さっさと席をはずしちゃいましょう。

「あなたの話には興味がない……」という態度をとりつづけることによって、ゴシップ好きな人は何も言ってこなくなりますから。

厄介なことに、ゴシップを
ふれまわる人というのは、
得てして「いい人」として
映ることが多いのです。
あなたの前で
他人のゴシップを言うのが
好きな人は、
必ずあなたのことも
他の人の前で言っています。

真に賢い人は「口数が少ない」

「沈黙は金なり、雄弁は銀なり」ということわざがあります。
これは、私たちが日常生活において、どういった人と付きあっていけば有意義な人生を送れるのか、ということを教えてくれています。

カウンセリングには、うまくしゃべることができなくて悩んでいる人や、人と話すのが不得意なので嫌われてしまうのではないかと相談に来る人が多くいます。
おそらく、この本の読者のなかにも、同じような悩みを抱えている人も多くいるでしょう。

しかし、その心配はまったくいりません！

世の中をよーく見渡してみてください。あなたのまわりの人たちをよーく見渡してみてください。あることに気がつくはずです。それは……。

「世の中においても、あなたのまわりにおいても、トラブルを起こしている人はみんなおしゃべりだ！」ということに。

しゃべるのが苦手だからこそ、言葉でトラブルを起こさなくて済んでいるのです。

うまくしゃべれないからこそ、それが朴訥《ぼくとつ》で誠実な人という印象を与え、信頼感を与えることができるのです。日本人は特に、ベラベラとしゃべる人を信用しない傾向にありますからね。

おしゃべりな人は、人を楽しませるのもうまく、場の雰囲気も上手に和ませます。話の引き出しも豊富なので、多くの人から好かれていると思うかもしれません。

ところが、そうとは限らないのが人間関係のおもしろいところです。

おしゃべりが上手でよくしゃべる人というのは、「自分はコミュニケーションが得意だ！

みんなを楽しませるのが上手だ！」ということを自覚しているがために、暴走することも多くなります。
暴走すると、言わなくてもよいことをついしゃべってしまったり、相手の気持ちを無視して自分だけが気持ちよくなる話をしてしまったりと、まわりの人の気持ちを考えない、独りよがりな部分が出やすくなります。それを不快に思う人が意外と多いのです。

実は、人は苦手なことで失敗することってあまりないのです。
むしろ、得意なことで調子に乗って失敗することがほとんど。

ですから、おしゃべりが得意な人というのは、得てして言葉でトラブルを起こすことが多くなってしまうのです。

人が本当にそばにいたい、ずっと付きあっていきたいと感じる人は、「口数が少ない人」なのです。
なぜなら、誰もが「自分の話を聞いてもらいたい！」という承認欲求を持っているけれど、おしゃべりが上手な人、得意な人は、人の話をあまり聞いてはくれないから。

もしあなたが、おしゃべりが苦手で上手に自分を表現できないのであるならば、人の話を聞いてあげる側になってください。

気の利いたことや洒落《しゃれ》たことは言えなくてもかまいません。ただ、聞いてあげるだけで人はあなたのことを好きになり、あなたを信頼し、あなたが困ったときには必ず助けてくれるようになります。

カウンセリングという仕事は、人の話を聞くことが最大の仕事です。私はこの仕事を選択する前から、いろいろな人たちの話を聞く側にまわっていました。

いまでこそ経営者として多くの人の前で話をし、セミナーや講演会では長時間にわたり話をしていますが、もともと人と話をするのが苦手だったのです。滑舌《かつぜつ》も悪いし、声も小さいし、何より人前に出ると緊張をしてしまうタイプなのです。

しかしやってみると、聴衆のみなさんは私のひと言ひと言を聞き漏らさないように耳をすまして聞いてくれるのです。声が小さくて滑舌も悪くて聞きにくいかもしれないけれど、それが逆に功を奏してみんなが真剣に話に聞き入ってくれるのです！

カウンセリングという経験から、人の話を誠実に聞くことで、多くの人が私を信頼し、困ったことがあればいつでも助けてくれるようになりました。

また、講演やセミナーの経験から、話が上手じゃなくても声が小さくても、滑舌が悪くても、誠心誠意一生懸命話すことで、たくさんの人が私の話に耳を傾けてくれるということを学びました。

もし私がおしゃべりが得意で、人の言葉や思いまでぶんどって話すようなタイプの人間だとしたら、人間関係でのトラブルが続出し、いまのようなよい人間関係を結べてはいなかったでしょう。

「口数が少ない人」は、どうか自信を持ってください！　人の話を聞き、心を和ませ、癒やし、信頼され、愛されることはあっても、人を傷つけたり、人の邪魔になったりするようなリスクが極めて少ないのですから。

そんなあなたは、実は「隠れコミュニケーションの達人」であり、真に賢い人なのです。

実は、人は苦手なことで失敗することってあまりないのです。
むしろ、得意なことで調子に乗って失敗することがほとんど。

友だちは少ないほうがいい

もしあなたの人生がうまくいっていないと感じるのであれば、友だちの数を減らしてみてください。

もともと友だちが少ないのであれば、無理に増やそうなどと思わなくても大丈夫です。

一方、友だちがたくさんいるのなら、誰が本当の友だちなのかを慎重に吟味し、「本当にこの人は友だちだ！」と思える人だけを残すようにしてください。

友だちの定義は人それぞれですが、私たちが友だちと呼んでいる、あるいはそう思っている人たちのほとんどが、たんなる知りあいにすぎません。

生涯にできる親友の数は、多くて数人、一般的には2、3人だといわれています。

実は、「友だちがたくさんいたほうがいい」という価値感は、ただの思いこみであり、世の中から植えつけられた考え方なのです。私たちは、小学校に上がる前に歌った、あの歌に影響を受けつづけているのです。

この価値感によって、私たちはこんな思いを抱きながら生きてきたのです。

・友だちが少ない自分は、人に好かれない存在なんだ。
・友だちがいない自分は、価値のない人間なんだ。
・もしかして自分は生まれつき、コミュニケーション能力に問題があるのではないか。
・友だちが少ないから、充実した人生を送れないかもしれない。

でも、そんな心配や悩みを持つ必要はまったくありません。

友だちだとあなたが感じている存在が多ければ多いほど、実はあなたの人生が振りまわされていくのです！

人間というのは、みんな平等に限られた時間を与えられています。この時間は、できるだけ自分が望むことのために使ったほうが幸せになるようにできています。

しかし、友だちが多いということは、望んでもいない付きあいで貴重な時間をどんどん奪われていくことでもあるです。

もちろん、家族や親友などのために自分の時間を使えるのは価値あることですが、本当は付きあいたくなかったり、一緒に出かけるのが面倒くさかったりということもあるでしょう。

友だちだといいながらも、愚痴や不満しか言ってこない人、困ったときや退屈なときにしか声をかけてこない人、自分の話しかしてこない人……冷静に考えてみれば距離を置きたい、付きあいたくない人が結構いませんか？

もしそう思っているのなら、無理して付きあう必要はないのです。そんなことに使う時間があったら、自分のために使ったほうが世の中のためにもなるのです。

私自身、若い頃は「友だちがたくさんいることが価値あることだ！」という思いのもと、心と心が触れあうことが大事ではなく、人数が多いことが大切なことだと勘違いして生きていました。

無理をして多くの時間を「友だちだと思いこんでいる人たち」に費やしてきました。その分、自分の人生でやらなければならない大切なことをそっちのけで……。

多くの自己実現をしている人たち、社会的に成功している人たち、充実感を持って生きている人たちを分析した結果、自分の人生がうまく運んでいない原因のひとつが、

「友だちは多くなければいけないという考え方にある！」

ということに気づいたのです。

つまり、友だち関係を維持することが大事なのではなく、自分の時間を自分の目標を達成するために使うことが自身のためになり、同時に社会のためにもなるということです。

それからの私は、本当に友だちだと思える人以外とは極力距離を置き、自分が心から大切に思える人のため、そして自分自身が実現したいと願っていた目標達成のために時間を使うようにしました。

それは、「人間関係の断捨離」といえるでしょう。

それからというもの、気持ちのうえでも毎日の生活でも自由になり、みるみるうちに目標を達成していくようになっていきました。おもしろいように、物事がスムーズに運びはじめたのです。

人間関係の断捨離をすると、残った人たちがどんどんよい人たちを紹介してくれるので、結果的に自分が満足できる人間関係を構築できるようになるのです。

私の妻はもともと、「友だちは少ないほうがいい」と思って生きてきました。

でも、たくさんの人から医師としても人としても愛されていますし、何事もスムーズに運んでいます。

付きあいたい人としか付きあわない、人間関係において絶対に無理はしないという妻の生き方から、私も大切なことを学んだと思っています。

友だちが少ない人は、「自分の能力を磨ける時間が多くあり、たくさんの自己実現と社会貢献ができるんだ！」と、その状況を大いに誇ってください。

「期待感」が人間関係を壊す

私の妻はクリニックを経営しているため、毎晩7時半頃の帰宅になります。帰ってから晩ご飯の準備をし、私や息子の世話をしていると、あっという間に夜の10時をまわってしまいます。

忙しく家事をこなしている妻に、私がねぎらいの言葉をかけると、よくこんなことを言います。

「直《なお》ちゃん（私のこと）には、初めから手伝ってもらえないことはわかっているので期待してないから、イライラもしない」

一方、こんなセリフは、よく聞きますよね。

「旦那が何も手伝ってくれないからイライラする！」

「嫁さんなんだから、言わなくてもわかってくれると思っているのに思いが伝わらない！」

夫婦だけではなく、親子でも会社の同僚でも、恋人でも、あらゆる人間関係において、このような「期待感」が原因で不満を持ったり、相手のことを責めたりしがちです。

人間同士だから相手に期待してしまうのは、当然のことかもしれません。

しかし、私たちは誰かの気持ちを満たすために生きているわけではありません。誰かの気持ちを満たすために生きてしまうと、見返りがなければ行動しないようになってしまいます。

私たちは、「自分の気持ちを満たすため」に生きているのです。自分の気持ちが満たされて、初めて損得勘定なしに人のために自分の時間を使うことができるのです。

ということはすなわち、「相手の期待に応えようとしなくてもいい」ということなのです。

私たちは自分の気持ちが満たされなかったり、不安や心配に支配されると、とかく自分以外の誰かに原因を探そうとします。

「パートナーが自分の思いをわかってくれない！」ということから始まり、友だち関係、同僚との関係、親子関係など、あらゆる関係性において「相手が思いどおりに動いてくれないことに対する不満」を持つのが私たちです。

夫婦なんだからやってくれて当然、友だちなのだからこうすべき、親なんだから、上司なんだから……と、「べきの嵐」のなかで私たちは暮らしていますが、この「期待感」こそが、人間関係を破壊していくのです。

言わなくてもわかるだろうというのは、単なる錯覚にすぎません。

多様性の時代といわれる昨今、ひとりひとりが様々な個性と価値感で生きているわけですから、言わなくても通じるというのは、お伽噺《とぎばなし》に近いものがあります。

何々すべきという期待感を持つのではなく、せっかく「言葉」というすばらしいコミュニケーション・ツールがあるのですから、ちゃんと思いを言葉にして伝えて信頼感を表すことが大切だと思います。

「期待は裏切られるためにある」と思っていたほうが楽に生きられます。

自分で勝手に期待して、期待に応えてくれなかったからといって失望するのは、余りに身勝手な話です。

物事というのは、すべて二面性で成り立っています。紙にも表と裏があるように、人間関係にも二面性があります。

約束をしたら、「約束が守られる」という面と「約束が破られる」という面があります。

仕事を任せたら、「成功する」という面と「失敗する」という面があります。

期待をしたら、「期待に応えてくれる」か「期待が裏切られる」か、必ずどちらかになるというギャンブル的な要素があることを理解しておいてください。そうでないと、やたらと人間関係に傷つき、そのトラウマを理由に自分が乗りこえなければならない課題から目をそむけ、不満なことは自分以外の誰かのせいという考え方に陥っていく危険性があります。

「期待」はギャンブルですから、そもそも確率論で人に失望したり人を責めたりするのは馬鹿げています。

それよりも、確実な信頼関係を築いていきましょう。

相手があなたの期待に応えようが応えまいが、あなたにも相手にも関係ないという気持ちで接することです。

どんな結果になっても相手との関係性は変わらない！　という思いが、人と人との心の絆を結んでいくのです。

期待から人間関係を結んでいるうちは、不安や心配から逃れることはできないのです。


私の妻は家事のことだけでなく、万事において私に期待をすることはありません。妻自身も「期待ではなく、信頼をしている」と、私によく明言していますが、私も妻に対しては同じ思いを持っています。

「相手がどういう状態になろうと自分のスタンスは変わらない」という信頼感が、充実した人間関係を構築していくために必要な姿勢です。

大切な人には期待感ではなく、信頼感を！　そして、その思いを素直に言葉に出して伝えていきましょう。

「ほめられたい人」はコントロールされやすい

人間には、「食欲」「睡眠欲」「性欲」という三大欲求があります。この三大欲求に匹敵するぐらい大きな欲望が、私たちにはもうひとつあります。

それは、「承認欲求」と呼ばれるものです。

承認欲求とは、「誰かに自分の価値を認めてもらいたい」という欲求です。
これは誰もが持っている欲求ですので、持っていることは何も悪いことではありません。
しかし、問題となるのは、この承認欲求が強すぎる場合です。

承認欲求が強すぎると、自分のことをほめてくれる人としか接することができないようになり、ほめてもらえるような行動しかとらなくなることが大きな問題になります。

あなたが心の奥では「この人は私を利用しようとしている！」と感じていても、ほめて認めてもらえる快感が忘れられずに、どうしてもその人間関係を見直すことができなくなってしまいます。

ほめられることが好きな人は、人からコントロールされやすいのです。

悪意のある人は、あなたが自己肯定感が低いなということを感じ取ると、意図的にほめたり、自尊心をくすぐるようなことを言います。

そうすると、あなたは自分のことをわかってくれるいい人だと勘違いし、その人のために尽くすようになってしまいます。ほめられたいがために、本意ではないことも自分の心に背いて行うようになってしまうのです。


私自身もそうでしたが、障害のある人は多かれ少なかれ自分にコンプレックスを持っているものです。

自分の存在価値に対して自信がないので、ちょっとでもほめられ認めてもらうと嬉《うれ》しくなり、相手のことを過大評価します。いろいろな問題が出てきたとしても、相手を信じようとしてしまうところがあります。

健常者でも、自己肯定感が低いが故に同じようにコントロールされてしまう人がたくさんいます。かなりの時間が経ってから、「うまく利用されちゃったな……」ということに気づき、やっぱり自分には価値がなかったんだと傷つき、落ちこむことも少なくありません。

でも、それはあなたに人間的な価値がないからではなく、認められなければ価値がないという偏《かたよ》った価値感をあなたが持ってしまっていることに原因があるのです。

私のクライアントさんにＴさんという方がいます。Ｔさんはいつも明るく元気で、人のために何かをしてあげることに生きがいを感じていました。

しかし、Ｔさんには、大きな心の闇がありました。子どもの頃からあまり両親の愛情を受けてこなかったＴさんは、人から認めてもらうことに対して並々ならぬ執着を持っていたのです。

私から見れば下心だらけの男性なのに、その男性にほめられ認められるのが嬉しくて、時間もお金も心も体も与えてしまうのです。そこで気がつけばよいのですが、その男性に捨てられても、次もまた似たような男性に利用されてしまうのです。

カウンセリングの場で、Tさんがいかに都合よく利用されてしまっているか話しました。素直なので私の話もよく聞いてくれますが、いままで培《つちか》ってきた生き方を変えることは難しく、何年もかけてようやく、ほめられてもコントロールされないようになってきました。

信じていい相手とは、あなたにとって心地よいほめ言葉ばかり言ってくる相手ではなく、あなたといることを楽しみ、「ありがとう」と感謝の言葉を伝えてくれる相手なのです。

ほめ言葉や歯の浮くようなお世辞ではなく、心から「ありがとう」と言ってくれる人こそ、自己肯定感が低くほめられることに弱いあなたにとって必要な人なのです。

私にもほめ言葉にのせられて苦い思いをした経験があります。いかにそれが不毛でせつないことかがわかっていますので、人に対しては「ありがとう」という感謝の気持ちを多く表すようにしています。

私は経営者やカウンセラーという立場ですから、たくさんの人にほめ言葉をもらいますが、いまはその言葉に嬉しくなって本意ではない言動をすることもほとんどなくなりました。

「池谷さんのおかげです」とか、「池谷さんがいなかったら生きていられなかった」ということを言われても、「そう思っていただいてありがとうございます」と返すようにしています。

私がどんなにすばらしいアドバイスをしたとしても、実際に行動したのはクライアントさん自身であり、結果を出したのもクライアントさん自身なのですから。

信じていい相手とは、
あなたにとって
心地よいほめ言葉ばかり
言ってくる相手ではなく、
あなたといることを楽しみ、
「ありがとう」と感謝の言葉を
伝えてくれる相手なのです。

人間関係の達人は「アホになれる人」

「あんたがバカになっていればいい」

母が、よく私に対して言っていた言葉です。私が育った家庭はとてもオープンで、両親も弟妹も学校や職場であった出来事や好きな人のことなど、何でも自由に話せる家庭環境でした。そういう家庭ですから、学校や職場で嫌なことがあったり腹が立ったことがあれば、何でも母親に話しました。私が感情的になって愚痴や不満をぶつけると、

「あんたがバカになっていればいい」

と諭《さと》されたものです。

十代、二十代前半の頃の私には、「バカになっていればいい」ということが、何をどうすればよいのかはっきりとわかりませんでした。社会に出て様々な経験をしていくなかで、

「バカになる」ことの重要性が嫌というほど理解できるようになりました。

母がどんな意味でこの言葉を言っていたのか？

バカになることで何が得られるのか？

バカになることのすばらしさを教えてくれた母には、心から感謝しています。なぜなら、私はバカになることで多くの自己実現をしていくことができたから。

若い頃の私は、自分が重度障害者であるということを心の底から認めることができず、「健常者には絶対に負けたくない！」という思いから、人と張りあいながら生きていました。

素直すぎるとナメられる、弱さを見せると見下される……。

そんな思いから目一杯背伸びをし、張りあって生きていました。障害という劣等感を克服できずに、もがいていた時期でした。

しかし、人というのはナメられまいと虚勢を張れば張るほどナメられるものですし、張りあえば張りあうほど、人から認められなくなるものです。

誰も何も言ってはいないのに、自分ひとりが躍起になって見えない敵に向かってシャドーボクシングをしているようなもので、何をやっても大した結果が出ず、空回りを続けていました。

「このままではいけない……」

そう感じはじめたとき、私は物事が順調にうまくいっている人たちや、多くの人に愛され支持されている人たちを真剣に分析するようになりました。

「うまくいっている人は、なぜうまくいっているのだろうか？　自分と何が違うのだろうか？」

そのヒントをつかみたかったのです。そして、ある答えを見つけました。そのひとつが、「物事がうまくいっている人は、みんな『バカになれる』という事実だったのです！

十代の頃から母親がよく私に言ってきた言葉そのものが、約40年間生命保険の外交員として活躍し、多くの人から愛されてきた母が体得した人間関係の達人となるための知恵だったのです。

それからの私は、人と張りあうことをやめ、できないことはできない、やれることは精一杯やるというスタンスで生きられるようになりました。

余計なプライドを捨て、人と比較することなくいまの自分を受け入れて生きていくことがこんなに楽なことだったのか！　と、心からの衝撃を受けました。「バカになることの楽しさ」を実感したのです。

「バカになれる」のは、自分に自信があるからこそなのです。余分な装飾品を取りはずし、現在の自分をそのまま受け入れ、現在与えられている力を思いっきり発揮して生きていこうとしないかぎり、人は真の自信を持つことができません。

人と自分とを比べ、人と張りあって何とかがんばって結果を出したとしても、納得して生きているという充実感が持てなければ、自信を持つどころか不安と苛立ちを抱えながら過ごす日々から抜けだすことはできないでしょう。

ちなみに、「バカ」と「アホ」の違いは、主に関東圏では「バカ」という表現を使い、関西圏では「アホ」と表現するだけで意味は同じです。私は「アホ」というニュアンスのほうがやわらかくて親しみがあって好きなので、「アホ」という表現を使います。

私が実践している「アホになる」ためのコツは次のとおりです。

・人からのほめ言葉も指摘も素直にありがたく受け取る。
・トラブルも結構！　これもよい経験。また自分はひとつ成長できた！　と、ポジティブに。
・人が話してくれることは、たとえ自分が知っていることであっても話の腰を折らずに聞く。
・どんな人であっても一生懸命生きているという視点を忘れない、他者の人生に敬意を払う。
・取るに足りないこと、どうでもよいことは気にしない、悩んでも仕方のないことを悩まない。
・あらゆるトラブルは両成敗、自分から近寄り、自分から握手を求める。
・うまくいったことは他者のおかげ、失敗したことは自分の至らなさ。
・してあげたことはとっとと忘れる、してもらったことはずっと忘れない。
・人にいじってもらえる、話題のネタにしてもらえるのは愛されている証拠。
・力を持つほど目線は高く、頭と腰は低くして生きる。
・人の支えがあって、その上にいまの自分がいるという謙虚な気持ちを忘れない。
・当たり前なことなど何ひとつない、小さなことにも感謝の気持ちを！

このようなことを私はずっと実践してきました。「アホになること」ができてから、とてもたくさんの人が私に力を貸してくれるようになり、そして多くの人が私のことを好きになり、理解し、愛してくれるようになりました。

その結果、重度障害者であるにもかかわらず、健常者の人生以上に思い描いたことはすべて実現できるようになっていったのです。

「アホになる」というのは、神様に近づくということだと思っています。神様は信じない信じないに関係なく、万人に様々な愛を与えつづけます。何の見返りもないのにただ一方的に与えつづけるなんて、どう考えてもアホの極みじゃないですか！　絶大な、圧倒的な力を持っているのに、筋金入りのアホです。

「アホになる」ということは神様に近づき、神様と同じような気持ちで生きられるということですから、物事がうまく進まないわけがないし、幸せにならないわけがありません。

みなさんも、どうぞ「アホになることの楽しさ」を日々の暮らしのなかで実感し、人間関係の達人をめざしてください。

嫉妬しやすい人は「暇な人」

「世の中に絶対存在しない人を二つ挙げてください」と言われたら、私は次のように答えます。
ひとつは「死なない人」。もうひとつは「嫉妬をしない人」。

嫉妬心というのは、人が生きているかぎり、必ずついてまわる感情だと思います。いままで嫉妬したことがないという人は、人としての感覚が麻痺しているか、大いなる嘘つきかのどちらかだといってもいいくらい、誰もが経験したことのある感情でしょう。

では、嫉妬心はどうして起こるのでしょうか？

おそらく、有名な芸能人や著名人に対して嫉妬心を持つことは少ないでしょう。憧れや羨望の気持ちはあっても、嫉妬するということはあまりないと思います。

嫉妬心は、「自分と対等か、自分よりちょっと上、または自分よりちょっと下」と感じている相手に対して出てくる感情です。

圧倒的に上を行っている人にはあまり嫉妬心という感情は湧きませんし、圧倒的に下だと思っている人に対しては同情や哀れみという感情に近いものを抱きます。

私も障害に起因するコンプレックスが強い人間ですから、嫉妬心を抱いて生きてきました。いまは上手にコントロールし、昇華する技術を身につけましたので大丈夫ですが、若い頃は嫉妬心に翻弄されて、とても苦しんだものです。

だからこそわかるのですが、嫉妬しやすい人は、「相手が見えないところでしている努力を見ようとしていない」のです。

逆に、嫉妬されやすい人というのは、「自分のよい部分ばかりを見せようとしすぎている」のです。

私はよく嫉妬もしましたが、それ以上によく嫉妬もされました。嫉妬されたのは、重度障害者でありながらよい仲間や家族に囲まれ、何でも思いどおりにやれていると思われていたからです。

あくまでも「やれているように見える」というだけの話で、実際は苦しく辛く葛藤ばかりの日々でした。私も自分のよい部分ばかりを見せていた気がしますし、まわりも私が陰でしている努力を見てくれてはいませんでした。

そのような経験から、少しでも嫉妬されないようにするには、自分から積極的にダメな部分、失敗したこと、心の闇などを表現していくことが必要だと気がつきました。

それからの私はＳＮＳなどを使い、積極的に自分の日常や考えていることを、人にはあまり伝えたくない部分に至るまで明らかにしていきました。

するとどうでしょう！

時の経過とともに、嫉妬心をむき出しにしてくる人よりも、応援し協力してくれる人がどんどん増えていったのです！

人は「きれいごと」ばかり見せられると、それをつっつきたくなる存在です。たとえば、「俺は頭がいい」と言ってしまうと、どこまで頭がいいのかと人はつっついてきます。「私は金持ちだ」と言ってしまえば、どこまで金持ちなのかと、痛くもない腹を探られてしまうものです。

だから、自分の弱みや失敗は隠さずに出していったほうが、結果的にプラスになって返ってくるのです。

嫉妬しやすい人は、「相手が見えないところでしている努力を見ようとしていない」と書きましたが、もうひとつ、嫉妬しやすい人はみんな「暇」なのです。

相手の言動が気になって仕方がないから嫉妬してしまうのです。毎日の生活が充実していて忙しい人が、他人への嫉妬で苦しんでいるという話は聞いたことがありません。つまり、自分のやるべきことに打ちこむことができないので、他人のことが気になって仕方がない……。これは紛れもなく「暇な人」なのです。

私も仕事が充実してきてからは人のことがほとんど気になりませんし、嫉妬することもかなり減りました。

ここでひとつ、人のことが気になって仕方がないあなたに、とっておきの「人のことを気にしながら嫉妬心を減らしていく方法」をお伝えしましょう。

あなたが憧れている人、尊敬している人、あんなふうになりたいなと思いを寄せている人の言動をチェックし、その人のように生きてみるのです。いい意味で「尊敬し憧れている人のストーカー」になってみるのです。

私も随分それをやりましたが、効果は抜群です。まずは、「あんなふうに生きたいな！」と感じている人を真似て、よいところを吸収するようにしてみてください。言葉遣い、雰囲気、考え方がだんだん似てきて、そこへさらに自分の個性が加わって自信もついてきます。

どうせ人のことが気になって仕方がないのであれば、自分が気持ちよく成長できる方法を試してみることです。

ぜひだまされたと思ってやってみてください。時間をかけてじっくりやっていけば、気がついたときには、あなたの嫉妬心は随分少なくなっているかもしれませんよ。

嫉妬しやすい人とは、
「相手が見えないところで
している努力を見ようと
していない」のです。
逆に、嫉妬されやすい人というのは、
「自分のよい部分ばかりを
見せようとしすぎている」のです。

魅力のある人とは「ギャップのある人」

私の妻は、とてもギャップのある人です。

医師という職業柄、勉強をよくしますし、人一倍厳しい面も持っています。

そんなイメージがあるからか、いろいろな人に、

「奥さんは料理をつくるのですか？」

「家庭のことは全部他の人にやってもらっているのですか？」

「失礼なことを言うと叱られそう……ケンカとかするんですか？」

というようなことを訊《き》かれますが、それが世間の人たちのイメージなのかなとおかしくなります。

妻は料理はもちろん、スイーツも手際よくつくります。裁縫もやりますし、そうじも洗濯も家事全般人並みにこなします。冗談もしょっちゅう言っていますので、私と二人で夫婦漫才をしている毎日です。

もちろんケンカもしますが、すぐに終わります。私のほうが頑固なので、大抵は妻のほうから謝ってくることが多く、普段仕事をしている姿とのギャップに非常に魅力を感じています。

共通の友人が妻を私に初めて紹介してくれた日、みんなで食事に出かけました。妻とは浜松医科大学のボランティアサークル「四つ葉」で顔を合わせたことがあるという程度で、それまでほとんど会話らしい会話をしたこともありませんでした。

ボランティアサークルでは大抵の場合、男子学生は男性障害者の支援をし、女子学生は女性障害者の支援をします。食事介助や車椅子を押すことには男女の区別はありませんが、トイレや車から車椅子への移動といったことには男性は男性の介助、女性は女性の介助というのが無言のルールのようになっていました。

初めて妻と食事に出かけたとき、妻はまったくの自然体で車から私を抱きかかえ車椅子に乗せてくれたのです。しかも、もう何年もやっているかのごとく自然に！　紹介されたその日、イメージとの大きなギャップに強烈な魅力を感じました。

当時の障害者を取り巻く環境としては、まだヘルパー制度も一般的ではない時代でしたから、女子学生が自然に男性障害者を抱えあげる光景というのはかなり珍しかったと思います。いまでこそ当たり前のごとく世の中では見られる光景ですが……。

さらに、私が初めて交際を申し込んだ後に言われた言葉にも、すごくギャップの魅力を感じました。

私が「こんな重度障害者に告白されてすごく悩んだでしょ？」と尋ねたら、こんな答えが返ってきました。

「うん、かなり悩んだ。人生で一番悩んだ……。45分ぐらい」

この答えを聞いた瞬間、私と人生を歩んでいけるのはこの女性しかいないと確信しました。

結局その二週間後には「結婚したい」と伝えていました。

結婚してもう14年になりますが、まだまだ様々なギャップの魅力が出てきて、まったく飽きません（笑）。

人はもちろん「いい人」のことが好きですが、魅力がある人というと、やはり「ギャップのある人」だと私は思っています。

たとえば、体がごっつくて顔がすごく怖い男の人が、小さい犬にほおずりしながら赤ちゃん言葉で話しかけていたり、お年寄りや子どもに対してすごく優しくて親切だったりするとそれだけで魅力を感じるものです。

「超ウケる～」なんて言いながら、普段はド派手な服装でいる若い女性の趣味が茶道で、着物でバッチリ決めてお茶をたてられたら、そのギャップにものすごく魅力を感じてしまいますよね。

あなたがもし意中の人から「いい人だね」とか「かわいいね」「格好いいね」「きれいだ

ね」「イケメンだね」などと言われたとしたら、ロングスパンでうまくいく可能性はまだまだ低いかもしれません。

しかし、「あなたって、ギャップのある人ですね！」と興味を持って言われたら、相手はかなりあなたに魅力を感じています。もしこの言葉を言われたら、よほどのことがないかぎりロングスパンでよい関係を築いていけるでしょう。

「恋愛関係が持続しない……」「ちょっと付きあうと飽きられてしまう……」と言う人は、「ギャップを出す」ということを意識してみてください。

いい女でいようとか、いい男でいようとしすぎるあまり、小さくまとまった人間になってしまっている可能性がありますから。

「こんな自分を出したら嫌われる……」などということを考えず、そのままのあなたをもっと出していくようにしてみてください。

そこにギャップがあればあるほど、相手はあなたを離したくなくなりますよ。

私が
「こんな重度障害者に
告白されてすごく
悩んだでしょ？」
と尋ねたら、
こんな答えが
返ってきました。
「うん、かなり悩んだ。
人生で一番悩んだ……。
45分ぐらい」

小さなことを悩むのは「趣味」だと思いなさい

カウンセリングをしていると、クライアントさんたちからこんなことをよく言われます。

「いつもつまらないことで悩んでしまってすいません」
「くだらないことでお手数をおかけして申し訳ないです」
「すぐにちょっとしたことで悩んでしまって……。私ってまだまだダメですね」

私はカウンセラーですから、どんな人の話でも聞くのが仕事です。しかも、ただ聞くのではなく、必ず解決策とセットにして、希望と可能性を持ってもらうのが私のカウンセリングスタイルです。

どんな相談にも応えられる、特に専門分野を決めないというのが、一番の強みといってもよいかもしれません。

悩みには、くだらない悩みも高尚な悩みもありません。それを決めているのは本人とまわりの人の勝手な思いこみです。

たとえば、いつも世の中のことを憂えている人が持つ社会に対する悩みは価値があるけれど、仕事が嫌で会社を辞めたいと悩んでいる人の悩みには価値がないのでしょうか？

そんなことはありませんよね。

幼稚園児には幼稚園児の、小学生には小学生の、二十代には二十代の、四十代には四十代の、七十代には七十代の悩みがあります。

それぞれの立場や生活環境、生育過程、心の成長度合いによってふさわしい悩みというものがあるのです。相手の立場に立ってみなければ、真実なんてわかりません。

どんな悩みがよくてどんな悩みがくだらないか……ということを議論すること自体が、ナンセンスです。

私は経営者でもありますから、毎日様々なことで悩みます。小さなことから大きなことまで内容は多岐にわたりますが、「これは悩むような問題ではないよな？　こんなことで何を悩んでいるんだろう、俺は？」と、客観的に自分を見て思うことが多々あります。

おそらくこの本を読んでいるみなさんにも、そういったことがあるでしょう。

「こんなことで……」と思いながらも、悩まずにいられないのが人というもので、これは性格ですから、そう簡単に変えられるものではありません。変に力ずくで変えようとすれば、別の部分にひずみが生じてしまいます。

では、どうすればよいのか。

小さなことを悩む性格を変えるのではなく、小さなことを悩むことを楽しんでしまえばよいのです。

私は小さなことで悩んでいるとき、それを決して否定せず、「これは自分の趣味である」と思うようにしています。

そう、「小さなことを悩む趣味」だと思えば自分を責める必要もありませんし、他人にとやかく言われる筋合いもありませんよね。

みんな趣味は楽しくやるものです。趣味として、素直にそんな自分を楽しんじゃいましょう！

たとえば私の場合は、毎日寝る前に2時間くらい小さなことを悩みます。

この時間は、自分の趣味を楽しむ時間だから徹底的に小さなことを考える。そして、小さなことで悩むということを意図的に行っています。

本当に重大な悩みであれば第三者や専門家に相談しますが、大抵の小さな問題は「自分で悩む！　悩みたいから悩んでみる！」と決めてやってみると、案外ストレス発散にもなって消えていくものです。

ポイントは、時間を決めること。
あくまでも趣味ですから、一日中やっているわけにはいきません。

「いまから30分は小さくてくだらないことで悩むぞ！」と集中して悩んでください。

決してふざけて言っているわけではありませんよ。

「ささいなことで悩むなんて悪いことでくだらないことだ、自分はなんてダメな人間なんだ！」と、否定したり責めたりするから苦しくて辛くなってしまうのです。

何でも明るく前向きに楽しんでやることで、ほとんどのことは解決されてしまうのです。ちょっと考え方を変える工夫をするだけで心が楽になり、生活も楽しくなってくるものなのです。

考えてもみてください。毎日時間をつくって小さなことで悩める状態というのは、見方を変えれば、とても幸せな状態なのです。

衣食住が満たされ、家族や仲間、会社の職員たちに恵まれ、しかも毎日寝る前に2時間も小さなことで悩める時間を与えてもらっているのですから、これを幸せと呼ばずに何と呼ぶのでしょうか！

考え方を自分の都合のよいように変えてみましょう！　どれだけやってもタダですから。

たとえば私の場合は、
毎日寝る前に2時間くらい
小さなことを悩みます。
ポイントは、
時間を決めること。
あくまでも趣味ですから、
一日中やっているわけには
いきません。

勝ち負けにこだわる人ほど不安を抱えている

私たちの人生は、よくマラソンコースのようにたとえられます。42・195キロを人生に置きかえ、ひたすらゴールに向かって走っていくというちょっとせつない感じのたとえに使われますよね。

でも、マラソンと決定的に違うのは、私たちの人生は「競争」ではないということです。スタート（誕生）とゴール（死）だけは平等に皆同じですが、ゴールにたどり着くまでのプロセスは自由でいいのです。ゴールの仕方は、決められていません。もっと言えば、コース自体をあなたが自由に決めてよいのです。

走りたい人は走ればよいし、寄り道しながら景色を楽しみたい人は楽しめばよいし、ときには歩きたくなくなってその場に座りこんだってかまわないのです。
それぞれにふさわしい道を、自分に合ったペースで走ったり歩いたりしていけばよいのです。

私は東京大学附属病院で「5歳までの命」と診断されました。

医師から告げられた5歳という生命の期限は何とかクリアしましたが、その後も20歳まで生きられるかどうか……という不安が常につきまとい、20歳をクリアしても「来年はお正月を迎えられるのだろうか？」「友だちと楽しく過ごせるのも今年で最後ではないか？」という不安のなかで一年一年を過ごしてきた青春時代でした。

同じ病気や似たような病気の友だちが若くして亡くなっていくたび、そういう感情に襲われたものです。

だからといって、いつも不安のなかにいるというわけではなく、それなりに人生が楽しいからこそ「こんなに早い段階で終わらせたくない！」という思いがあって、その分死に対する恐怖感も強かったように思います。

そんななか、妻と出会い、子どもができて、事業も始めて、自分がめざしてきたものがひとつひとつ実現されていくなかで、死に対する恐怖や、そのままの自分で存在しつづける不安が徐々に薄れていきました。人に勝たなくても、優れていなくても、自分が納得する人生が一番！　妻の大きな愛が、私を不安から救いあげてくれたと思っています。

逆にもっと楽しいこと、自分が喜べることをたくさんしてやろう！　という思いが強くなったのです。

死と隣り合わせにある日々を過ごしてきたからこそいえるのですが、最もつまらない生き方とは、「人と勝ち負けを競いあっていく生き方」だと思います。

カウンセリングに訪れる多くの人などを見ていて思うのは、みんな「自分と他人とを比較しすぎ」だということです。

隣の芝生《しばふ》は青く見えるではないですが、人と自分を比較して勝手に落ちこんだり、勝手にうらやましがったり、勝手に嫉妬したり……。

「他人と自分を比較する」というのは、「勝ち負けを競いあっている」ということと同じです。

私も過去には人と張りあって生きていた時期がありましたが、そういう生き方は心がすり減り、生きる喜びや楽しみを奪います。そもそもまわりにいる人を競争相手と思ってしまう時点で、自分の人生を生きられなくなってしまいます。

勝ち負けの基準は、一体何でしょうか？　どうなれば、勝者なのでしょうか？

勝ち組・負け組といった言葉も流行《はや》りましたが、そういう言葉に踊らされることなく、本当の勝ち組とはどういう人をいうのかについて考えてもらいたいのです。

私が思う本当の勝ち組とは、

「自分の人生を他人と比較することなく、充実感を持って生ききった人」です。

オーケストラの演奏を考えてください。バイオリンがクラリネットに張りあい、トロンボーンがピアノに張りあいなんてやっていたら、めちゃくちゃな曲になってしまいます。

ピアノにはピアノの役目、クラリネットにはクラリネットの役目、シンバルにはシンバルの役目がそれぞれあって、初めてすばらしい音楽として成り立つのです。

私たちの人生もまったく同じです。

人よりも優れていないと存在価値がない、いつも勝っていないと人から認められないと思っていると、不安で不安で自分が納得する人生を送れません。

自分の人生を楽しく有意義に過ごすために必要なことは、「自分と人とを比較しない」ことです。

勝ち負けにこだわって生きてしまう人は、心の奥で不安からナイフを持って震えている自分の姿に気づいてあげてください。

そんな自分に対して、「もう人と競わなくていいんだよ」「あなたはあなたのままでいるだけで愛されるし、価値があるんだよ」と何度も語りかけ、癒やしてあげてください。

もし自分自身に語りかけることが難しかったら、あなたと同じように勝ち負けにこだわっている人に対して、そう語ってあげてください。

似ている誰かを癒やしてあげることで、あなた自身も癒やされていきますよ。

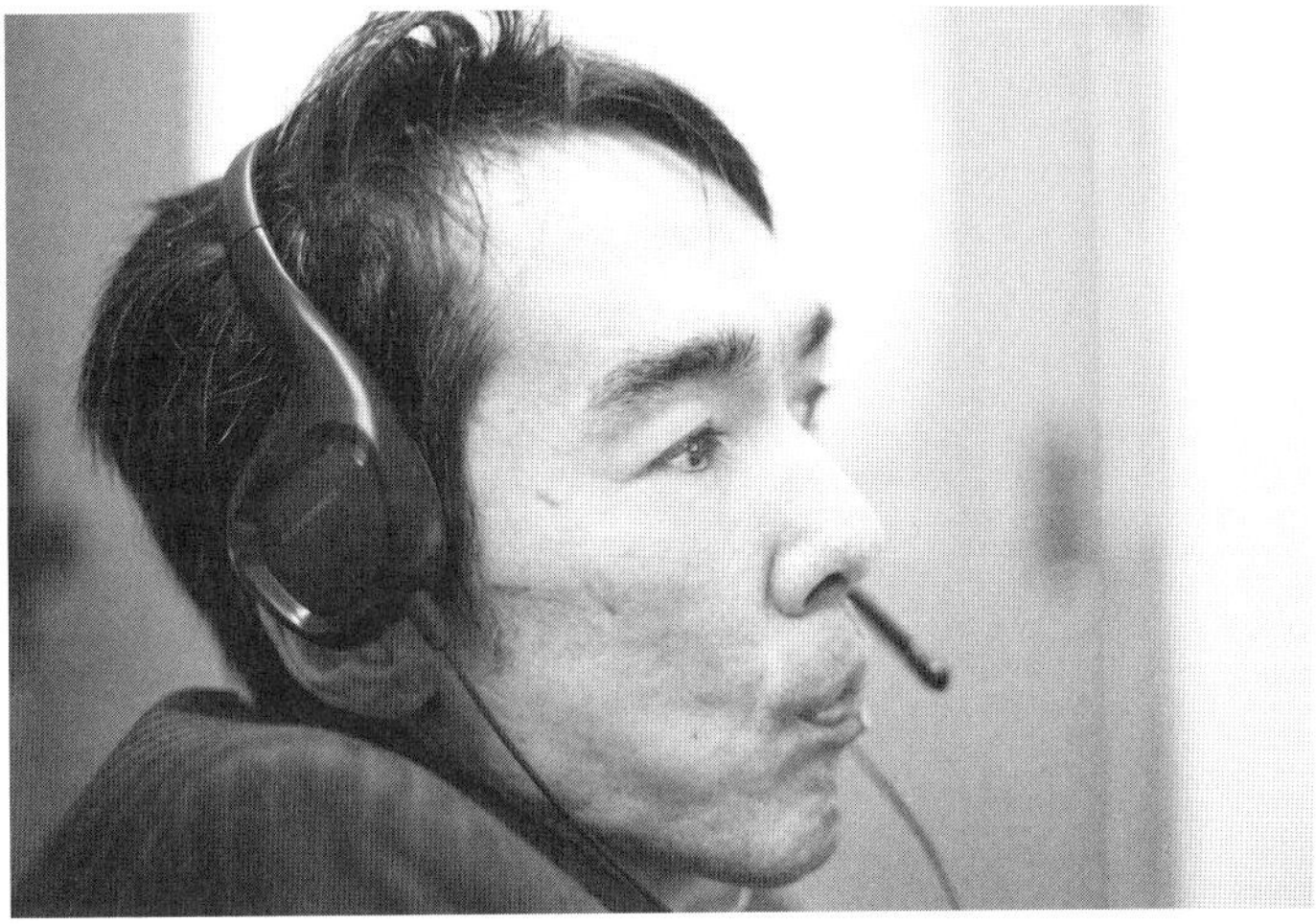

死と隣り合わせにある日々を
過ごしてきたからこそ
いえるのですが、
最もつまらない生き方とは、
「人と勝ち負けを競いあっていく
生き方」だと思います。
カウンセリングに訪れる多くの
人などを見ていて思うのは、
みんな「自分と他人とを
比較しすぎ」だということです。

第2章

親、結婚相手、浮気……

「親が嫌い！」と思う自分への自己嫌悪感

「親を殺したい！」と思ったことがありますか？

十代の頃の私は、そのような思いを父に対して持っていました。いまだからこそ笑って言えますが、当時は「自分の体が動かなくてよかった！　もし動かせたら、殺さずにはいられない」と本気で思うほど、女性関係にルーズな父に対して怒りと嫌悪感を抱いていました。

私の場合はさておき、普通の家庭環境で育った人であれば、思春期の頃に親のことが嫌いになり、二十代の後半にもなればまた子どもの頃のように好きになるのが一般的でしょう。

しかし、三十代になっても四十代になっても、なかには六十代になっても親のことが嫌い、許せないという感情に支配されてしまっている人もいます。

実は、そういう人は、「親からの愛情欠乏症」になってしまっているのです。

育つ過程で親の言動に激しく傷ついたり、求めた愛情を得られなくて心が荒《すさ》んでしまうということはよくあることです。

そもそも親であっても完璧な存在ではありません。子どもを持つことによって、親という立場を学んでいるのですから、よい親でない場合もほめられた親でない場合もあります。

なんらかの理由で親からの愛情が不十分な状態で育ってしまったり、親としての能力を著しく欠いた人に育てられてしまった場合、大きなトラウマを抱えてしまうこともあるでしょう。

多くの人は心を開いて付きあえる友だち、尊敬できる先輩、恋人や配偶者を見つけて、不足した愛情を取りもどしていくのですが、「不足した愛情を目の前にいる親からきちんともらわないかぎり納得しない！」という人もいるのです。

このような人は親を憎み、敵意を向けながらも、親からの愛情を乞《こ》いつづけているために、親の元から離れることができないのです。

親に依存しながら、親を憎み、罵《ののし》るのです。でも、そろそろあきらめましょう。

「親が嫌い！　親が憎い！」のであれば、さっさと親元から出て行けばよいのです。

そうしないで、「ひとりで生きていく自信がない」「他人と円満な関係を築いていく自信がない……」などと、親やトラウマのせいにしてブツブツ不平不満を言っているほうが傷つかなくて楽ですよね。

でも、できるだけ早い段階で「親はもう自分の求めているものを与えてくれない」ということを悟り、愛情を求めつづけることから卒業することが大事です。

私は「親が嫌い！」という感情は、なにも悪いものだとは思いません。嫌いなのに好きなふりをしてそばにいるほうが異常だし、嫌っている相手と一緒に生活して幸せになれるはずがないのです。

「別々に住んでいるけれど嫌いだから親に会いたくない！」という人は、会わなくたってよいのです。会ってお互いに嫌な思いをするから、余計に関係が悪くなるのです。

どちらかが死ぬ前にひと言「ありがとう」と言えればそれでよしという気持ちでいるくらいでちょうどよいのです。

夫婦関係とは違い、親子関係の場合は無理してでも早く離れたほうが、人生の好転が早く訪れます。

親からの愛情を求めつづけることがやめられないと、いつまでたっても自己肯定感は高まらないし、人生も低迷してしまいます。

まわりの人は、「親と仲よくしなきゃダメじゃない」「親なんだから大切にしてあげなさい」なんて簡単に言うかもしれません。

しかし、あなたが親の愛情にしがみついて自分の人生を台無しにしても、誰ひとり責任なんて取ってくれないのです。
そんな無責任な言葉に罪悪感を感じ、自己嫌悪する必要なんてありません。

親はいままでだって独力で生きてきたし、これからも生きていけるのです。

私も若い頃は随分父を憎みました。が、そんな父でも失踪していなくなったときには激しい喪失感を感じました。どんな親でも大黒柱であり、精神的支柱には変わりありません。これからは自分が家族を支えていかなければならない……と思った瞬間、いい知れぬ恐怖や不安を感じたものです。

でも、自立するということは、愛情を求める側から愛情を与える側にまわる、ということなんだと思います。

親のことが嫌いで憎くて仕方がないという人は、どうか親の元を離れ、自分の人生のために行動を起こしてください。

罪悪感はいりません。自己嫌悪をする必要もありません。行動しなければ、あなたはずっと「愛情を与える側」にまわることができなくなってしまうのですから。

自立するということは、
愛情を求める側から愛情を与える側にまわる、
ということなんだと思います。

親がうっとうしい！ウザい！

小学3年生になる息子は、すでに私や妻に対して「ウザい！」という言葉を使います。あまりにもゲームに夢中になっている時間が長いので、言いたくないけれど見るに見かねて強い口調で注意すると、「パパ、ウザい！　消えろ！」なんてとんでもない悪態をついてきます。

「消えろ！」なんて言われて傷つくと思ったら大間違い。
私は、息子にこう言ってやります。
「消えろ！　なんて言われなくても、そのうち消えるから焦るな！」と。

子どもにしてみれば、世の中の親たちは皆ウザい対象なのだと思います。

でも、ウザくない親なんていないし、親というものは本来ウザい存在なのです。「ウザくなければ親ではない！」なんていうキャッチコピーを流行らせてもいいくらいですね（笑）。また、

子どもも親のことを「うっとうしい！　ウザい！」と思えないとダメなのです。子どもが親のことを「うっとうしい！　ウザい！」と感じるのは、少なくとも親が子どもにちゃんと関わろうとしている証拠だからです。

子どもが望む関わり方ではないかもしれないけれど、断じて無関心ではない。愛の反対語は無関心といわれますが、無関心じゃないということがとても大事なんです。

親から何も言われなくなれば、どんなに自由で気が楽だろう……とパラダイスのような毎日を想像するかもしれません。

しかし、何も言われなくなるというのは、生きていくうえでとても寂しいことなのです。いくら友だちがたくさんいても、親ほどあなたのことを気にかけ心配し、愛を向けてくれる存在はいないのです。

「自分にかまわないでほしい！　こちらが望んだときにだけ望んだことをしてくれればいいんだ！」というのは、単なるわがままです。

社会人としても人としても決して通用しない理屈ではあるけれど、その通用しない理屈を少しでも通そうとしてくれる唯一の存在が親でもあるのです。

中学生や高校生なら、親のことを「うっとうしい！　ウザい！」と言っていても、「健全な成長だね」で済みますが、社会人になったのに同じことを堂々とやっていたらちょっとはずかしいですね。

社会人になっても親と住み、いくら給料の一部を入れているといっても食事をつくってもらい、洗濯をしてもらい、家の雑用をほとんどやってもらい、にもかかわらず「ウザい！」なんて言っていたら、これはずかしいことなのです。

親がウザいのであれば、アパートでも借りて自立すればよいのです。実際に親が亡くなってしまったり、離れて暮らせば、「ウザいのもアリだったな……、ウザいって親の愛情表現だったんだな……」ということがわかるはずです。

もうひとつ言うとね、社会に出るとウザい奴《やつ》なんて山ほどいて、その人たちに向かって「お前、ウザいんだよ！」なんてやってたら、毎日がトラブル続きで心がおかしくなっちゃう。

でも、一番身近に親というウザい存在がいて、あなたのことをあでもない、こうでもないとやってくれることで、あなたはその感情をコントロールできるようになっているのです。

家族って、実は折りあいをつけるのに一番難しい人間関係。親のウザさって、他人のウザさよりも一段レベルが高いウザさなんですね。一段レベルが高いウザさに鍛えられることで人との距離感や対応の仕方を学び、問題児にならなくて済んでいる……と考え方を変えてみるのです。

私は、息子に対して次の二つのことを公言しています。

①財産は残さない。自分で稼げ。

②死ぬまでウザい存在でいつづける。壁になって立ちはだかる。

うっとうしい人がそばにいる、ウザい人がそばにいるって、全然悪いことじゃないんですよ。

だって、あなたのことが好きだから、気になってウザくなっちゃうんだもの。

家族って、実は折りあいをつけるのに一番難しい人間関係。親のウザさって、他人のウザさよりも一段レベルが高いウザさなんですね。一段レベルが高いウザさに鍛えられることで人との距離感や対応の仕方を学び、問題児にならなくて済んでいる……と考え方を変えてみるのです。

出会いがないと嘆くよりも、誰でもよいから付きあってみる

「私って、全然出会いがないんですよね」なんて話をよく聞きます。

でも、本当にそうですか？

会社に勤めている人であれば、通勤途中に様々な出会いがあります。会社に行けば職場の人間関係があり、休日に遊びに出かければ行った先でも出会いがあるはずです。

家のなかに引きこもりっきりの人でも、ネットを開けば見ず知らずの人といくらでも出会うことができます。

出会いがないのではなく、「あなたの好きなタイプの人との出会いがない」というだけの話ですよね？

また、「あなたが理想としているシチュエーションで、あなたの好きなタイプの人との出会いがない」というだけですよね？

合コンで気が合ったから何となく付きあいました……、ネットの出会い系サイトでメールを出したら何となくデートすることになり、何となく付きあっちゃいました……これでは、あなたが納得しない。

実は、あなたのこだわりが、出会いを選別してしまっているだけなのです。うまくいっている恋人同士や夫婦に話を聞いてみると、多くのカップルがこんなことを言うのです。

「最初は全然タイプじゃなかったんだけどね～」

ちなみに私の妻も、私のことはまったくタイプではなかったそうです。むしろ、「この人、こんなにやせ細っていて大丈夫かしら!?」と心配になったようでした。

よく、「好きになるタイプと結婚するタイプは違うよ」なんてことがいわれますが、「出会いがない！」と言っている人の多くは、「好きなタイプじゃなければ付きあえない」という大きな勘違いをしています。

ちょっと出会ってちょっと話した程度では相手のことなんてわからないし、本当に自分の好きなタイプじゃないのかどうかの判断も難しいのです。

「自分にはこういう人が合うな」とか、「自分にとって一番居心地がよい相手はこういう人だ」ということがきちんとわかっている人というのは、生理的に受けつけないタイプでないかぎり、「とりあえず付きあってみよう」というスタンスでいます。

自分で言うのもなんですが、私はすてきな女性と数多く交際をしてきたほうだと思います。

「なんでそんなにきれいな女の人とばかり付きあえるの⁉」と嫉妬されたこともしばしばありましたが、私の場合は「好きになったら、気持ちを伝えなければいられない性分」だったのです。

障害が重いからとか、相手が美人だからとか、医者だからとか、まったく関係ありません。人は見た目ではなく（ちょっと見た目もありますが）、「魂のレベル（心の成長度）」が同じならばどんな人とでも付きあえるし、結婚もできるという考え方だったのです。

そういう考えが前提にあるから、「好きだ」と思った人にはどんどん言っていくわけです。言っていれば、必ずＯＫをくれる人がいます。そうやって実際に付きあっていくなかで、お互いに自分を知っていくことができるのです。

「出会いがない」と嘆いている人は、まず自分のタイプだとか、理想としているシチュエーションでの出会いなどという、不幸な道に足をつっこむような幻想を捨ててください。

「生理的に絶対無理！」という人でなければ、積極的に話をしたり、デートに行ったりしてみましょう。

「この人、最初はおもしろみのない人だなと思ったけど、付きあってみたらすごく自分が楽になれた。刺激的でおもしろいタイプが好きだと思っていたけれど、楽になれる相手を本当は望んでいたんだな……」

こんなことが本当によくあるのです。

ここでひとつ厳しいことを言わせてください。

あなたがどんなに理想的なタイプを思い描き、そういう人との出会いを期待していても、「あなたが相手からも魅力的だと思ってもらえるタイプに人間的に成長をしていなければ、そういう人とは出会えない」のです。

「出会いがない！」と嘆いているそこのあなた。魅力的な人間になろう、人間的に成長していこうとしていますか？

人に優しくする、家族にご飯をつくってあげる、与えられた仕事を一生懸命やる、困っている人がいたら助けてあげる、落ちこんでいる人がいたら励ましてあげる、人の話を素直に聞ける、いつも笑顔で明るくいられる、自分の機嫌を自分で取れる……。

こういったことが自然にできるようになるだけで、あなたの出会いは爆発的に増えるのです。あなたとの交際希望者に整理券を配るくらいになれるのです。

自分で言うのもなんですが、私はすてきな女性と数多く交際をしてきたほうだと思います。障害が重いからとか、相手が美人だからとか、医者だからとか、まったく関係ありません。人は見た目ではなく（ちょっと見た目もありますが）、「魂のレベル（心の成長度）」が同じならばどんな人とでも付きあえるし、結婚もできるという考え方だったのです。

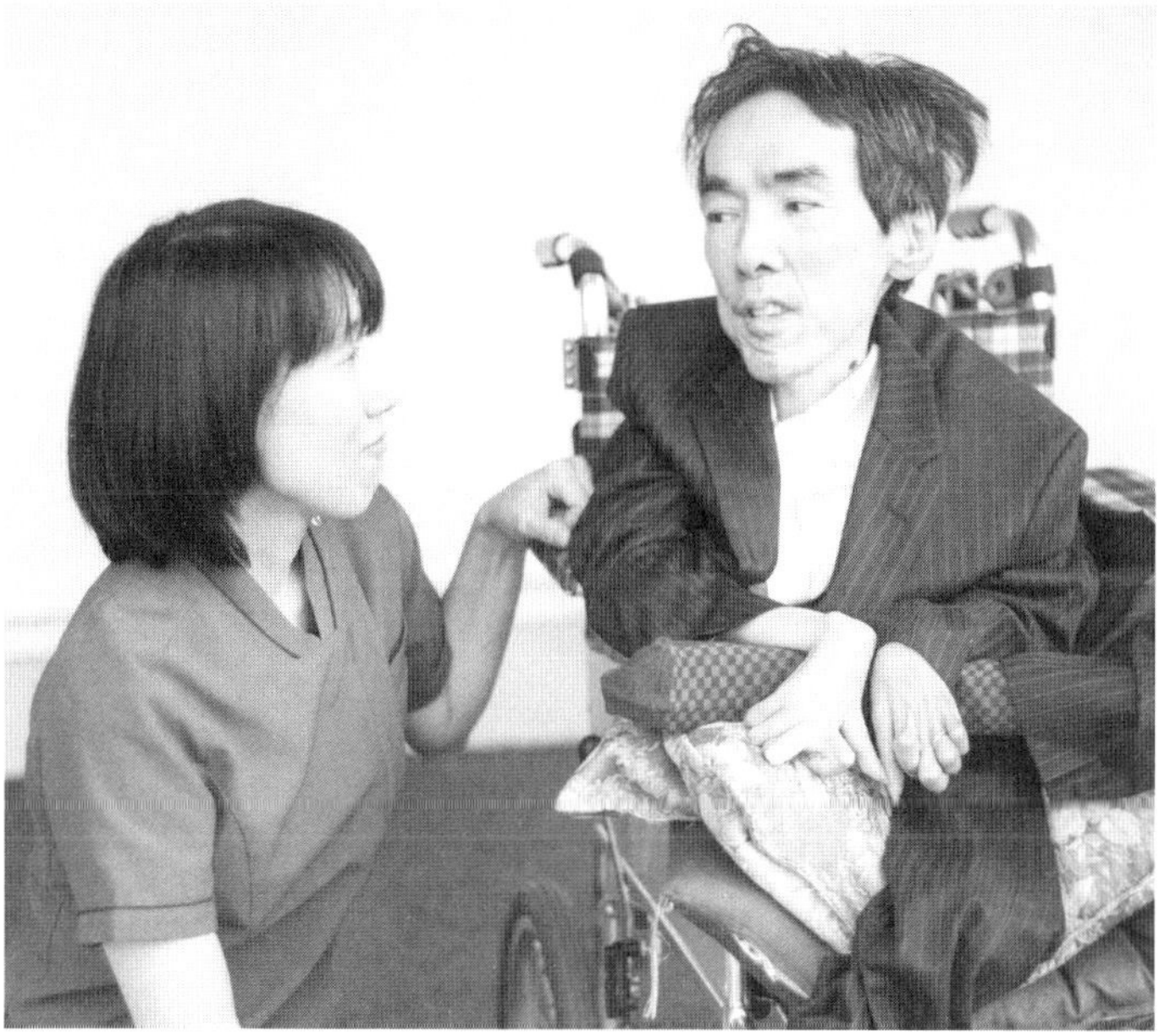

結婚相手は「母親に接する態度」で決める

カウンセリングに来る二十代から三十代の女性の相談内容ベスト3に入るものが「恋愛・結婚」についてです。

「いま付きあっている男性と結婚して、うまくいくのでしょうか？」

そういった内容の相談が後を絶ちません。

現代の男性は草食系男子とも呼ばれるように、確かに男性のほうから積極的にアプローチするというよりも、女性のほうが積極的に結婚をうながしてゴールインする……というケースが多いように感じます。

「いつになったらプロポーズしてくれるの？」
「煮えきらない態度の彼にどういうアプローチをすれば、結婚を切りだしてくれるのですか？」
「結婚はちゃんと考えている、と言いながら、3年経っても何も言ってくれません……」

時代はどんなに変わっても、やはり女性は待つ身であり、愛する男性陣からのプロポーズを待っているという姿勢はあまり変わっていないのかもしれません。

よく「相性」が合うとか、合わないとかというようなことがいわれますが、「相性」って一体何でしょうか？

占い師やカウンセラーから、「あなたたちは相性が悪いから結婚してもすぐに別れます！いますぐ別れなさい！」と言われたら、みなさんはそのとおりにするのでしょうか？
おそらくしませんよね。それで別れるようだったら、初めから好きでも結婚したい相手でもなかったのです。

実は、「相性」とは「愛生」のことであり、「愛から生みだす関係」を意味しています。

つまり、占い等でいわれる表面的な相性を気にするのではなく、自分が選んだパートナーとともに、どれだけ多くの喜びや豊かさ、共感や勇気といった様々な感動を生みだせるのか、ということが一番大切なのです。

そう、相性とは、もともとあるもの（決まっているもの）ではなく、自分たちで築きあげていくものなのです。

しかし、そうはいっても実際に目の前にいる男性の言動に一喜一憂しがちなあなたが、「本当にこの人で大丈夫なのかな？」という不安な気持ちになるのもごもっとも。

そこで、本当にこの人でいいのかお悩みモードに入ってしまっている女性陣に、とっておきの「結婚相手としてふさわしい男性かどうかを見抜く方法」をお伝えしたいと思います。

それは、「母親に接する態度」を観察することです。

何度か男性の家に上がりこみ、早い段階で彼のお母さんと仲よくなっちゃってください。お母さんと仲よくなると、あなたが結婚したいと思っている男性とお母さんとの関係が浮きぼりになってきます。一度や二度ではうまいこといって隠しとおせますから、何度か通うようにしてみてください。

ときには、抜き打ちで遊びに行っちゃいましょう！

さて、これで何がわかるのでしょうか。

まず、男性の「母親に接する態度」は、すなわち「パートナーであるあなたに接する態度」とイコールになります。

母親に暴言を吐いたり、冷たくあたる傾向が強かったり、あまり会話がないような状態であれば、将来のパートナーであるあなたにも同じような態度をとります。

さらに、抜き打ち訪問をすることで、相手の本音が見えてきます。母親との関係がうまくいっていない男性は、アポなしで実家に来られることを嫌がります。自分の母親と仲よくなられて、自分のことをしゃべられることを嫌うからです。

健全な男性であれば、自分が結婚してもいいなと思っている女性が自分の母親と仲よくなることは嬉しいことなのです。

自分の母親と微笑《ほほえ》ましく楽しそうに会話している姿を見ているだけで、「やっぱりコイツしかいないな！」と心のなかで親指を立てているものです。だって、どんな男性でも母親と妻がいがみ合う姿なんて見たくないのですから。

いままで私がカウンセリングをしてきた経験から、これは確信を持って言えることなのです。

母親に対する態度の悪い男性は、母親を拒否することで自分に目を向けさせ、愛情を獲得しようとする方法を身につけてしまっています。

世の中の女性の代表が母親であり、その母親に対する態度は、女性に対する態度の縮図でもあるのです。

そのような人は幼児性も強いので、あなたにはあまり目を向けることはない一方で、自分はかまってほしいという気持ちが優先されます。結婚してからあなたを悲しませる存在になるでしょう。

あまりにも母親に会うことを嫌がったり、母親への不満、悪口を頻繁に言うようでしたら、絶対に考えなおしたほうがよい相手です。

だからといって、「マザコンにしなさい！」と言っているわけではありません。

が、母親との関係が悪い男性を選ぶくらいなら、ちょっとくらいマザコン気味の男性のほうが確実に幸せになれますよ。

男性にとって一番身近にいる、そして最も偉大な女性を愛せない男性は、どんな女性と結婚しても、その人をきちんと愛することはできないのです。

男性にとって一番身近にいる、そして最も偉大な女性を
愛せない男性は、どんな女性と結婚しても、
その人をきちんと愛することはできないのです。

「本当にこの人でいいの？」結婚への不安

「付きあっている相手が結婚相手にふさわしいのか？　このまま結婚してしまっても大丈夫なのか？」と、不安になる人も多いと思います。

でも、100パーセント安心できる運命の相手なんて、世界中どこを探してもおそらく存在しないでしょう。

そもそも私たちには、そんな都合のよい「赤い糸で結ばれた運命の相手」なんていないのですから。

本当の「お互いが幸せを感じることができる運命の相手」というのは、結婚生活においてまったく不安がない相手、ではないのです。

それは、「お互いが成長しつづけられる相手」のことなのです。

ですから、楽しいことばかりではありません。

辛いことも、悔しいことも、悲しいことも自分が決めた相手と乗りこえ成長していけることが大切で、ともに乗りこえていける相手を「運命の相手」と呼ぶのです。

あなたの選んだパートナーと「どんなことがあっても一緒に乗りこえて幸せになる！」という覚悟ができるかどうかが、何よりも大事なことなのです。

もし、「好きだけれど、何かが起こったら乗りこえていけないだろうな……」と感じたり、「この人と乗りこえるくらいなら自分ひとりで生きていったほうが楽かも？」なんて思うようであれば、残念ながら、遅かれ早かれ別々の人生を歩む日が来る可能性が高いでしょう。

このような場合は、結婚を考えなおしたほうがお互いのためになります。

私たちが結婚するとき、妻の両親から大反対を受けました。

【書名】こう考えれば、もう少しがんばれる

ご愛読ありがとうございます。

今後の出版の参考にさせていただきたいので、ぜひご意見・ご感想をお聞かせください。

なお、ご感想を広告等、書籍のPRに使わせていただく場合がございます（個人情報は除きます）

……………………該当する項目を○で囲んでください……………………

◎本書へのご感想をお聞かせください

・内容について	a. とても良い	b. 良い	c. 普通	d. 良くない
・わかりやすさについて	a. とても良い	b. 良い	c. 普通	d. 良くない
・装幀について	a. とても良い	b. 良い	c. 普通	d. 良くない
・定価について	a. 高い	b. ちょうどいい	c. 安い	
・本の重さについて	a. 重い	b. ちょうどいい	c. 軽い	
・本の大きさについて	a. 大きい	b. ちょうどいい	c. 小さい	

◎本書を購入された決め手は何ですか

a. 著者　b. タイトル　c. 値段　d. 内容　e. その他（　　　　　　　　　　）

◎本書へのご感想・改善点をお聞かせください

◎本書をお知りになったきっかけをお聞かせください

a. 新聞広告　b. インターネット　c. 店頭（書店名：　　　　　　　　　　）
d. 人からすすめられて　e. 著者のSNS　f. 書評　g. セミナー・研修
h. その他（　　　　　　　　　　）

◎本書以外で最近お読みになった本を教えてください

◎今後、どのような本をお読みになりたいですか（著者、テーマなど）

ご協力ありがとうございました。

実務教育出版の情報はこちらから ――→

●Twitter
実務教育出版第1編集部
(@jitsumu_1hen)
新刊やイベント、
気になる情報をつぶやきます！

郵便はがき

料金受取人払郵便

新宿局承認

4967

差出有効期間
平成31年8月
31日まで

1638791

999

(受取人)

日本郵便 新宿郵便局
郵便私書箱第330号

(株) 実務教育出版

第一編集部
愛読者係行

フリガナ お名前		年齢 歳 性別 男・女	
ご住所	〒		
電話番号	携帯・自宅・勤務先 (　　　)		
メールアドレス			
ご職業	1. 会社員 2. 経営者 3. 公務員 4. 教員・研究者 5. コンサルタント 6. 学生 7. 主婦 8. 自由業 9. 自営業 10. その他 (　　　)		
勤務先・学校名		所属(役職)または学年	
今後、この読書カードにご記載いただいたあなたのメールアドレス宛に実務教育出版からご案内をお送りしてもよろしいでしょうか		はい・いいえ	

毎月抽選で5名の方に「図書カード1000円」プレゼント!

尚、当選発表は商品の発送をもって代えさせていただきますのでご了承ください。

この読者カードは、当社出版物の企画の参考にさせていただくものであり、その目的以外には使用いたしません。

妻は一度決めたら揺るがない性格なので、どんなに反対をされてもどこ吹く風という感じでしたが、私からしてみれば、「こんな重度障害者と結婚させるために娘を医者にまでしたんじゃない！」という悔しさがぬぐえないご両親の気持ちが痛いほどわかります。

私が妻の両親の立場だったら、間違いなく反対しただろうな、と。

何度も妻の実家に通い、私のことを理解してもらえるように努めました。かなり厳しいことも言われました。

途中で「もうダメかもしれない……」と弱気になったこともありましたが、私と妻のなかには「二人で力を合わせて必ず幸せになる！」という覚悟がありました。

結婚から8年ほどが経ったある日、義妹（妻の妹）が興奮しながら電話をくれました。義母が、こんなふうに心の内を語ってくれたというのです。

「結婚前にさんざん私（義母のこと）は、直ちゃんに人としてはずかしいことを言ってしまった。申し訳ないと思っている。でも、あの子（私のこと）はひと言も反論せずに、ただいつも黙って聞いていてくれた。わがままな真苗《まなえ》（妻のこと）が愚痴ひとつ言わず、あれだけ幸せそうにやっているのは、あの子が真苗の前でも私の愚痴や悪口を言ってこなかったからだと思う。真苗があんなに幸せそうなのは、あの子のおかげ。ひどいことばかり言ってしまったけど、あの子には本当に感謝している。いい婿さんをもらってくれた……」

義妹も感動し、嬉しくてすぐに電話をしてくれたのです。

この言葉を聞いたとき、「すべてが報われた！」と感じました。もちろん私は妻の前で、両親や家族に対しての愚痴や悪口を口にしたことがありません。

「大切な人を生んで、ここまで育ててくれてありがとう！」という気持ちがあれば悪口なんて出てきませんし、そもそもパートナーの家族の悪口は絶対に言ってはいけません。

たとえパートナーが言っても、尻馬に乗らないことです。言った時点で、どんなに仲のよい夫婦の間にも心の距離が生まれ、一気に愛情も冷めますから。

結果的に幸せになってしまえばいいのです。

私たちにも様々な不安がありました。でも、「絶対に幸せになる！」という思いは明確でしたから、あとはそこに向かって二人で歩んでいけばよいだけでした。


みなさんもまったく同じです。

どんなにすばらしい相手、不安要素がない相手を選んだとしても、パートナーがいつ病気になるかわかりません。いつ交通事故で亡くなってしまうかわかりません。仕事が順調に進むなんていう保証もどこにもありません。一寸先のことは誰にもわからないのですから、思い悩んだところで時間の浪費になってしまうだけです。


それに、相手のことだけでなく、あなたにだって不安要素はたくさんあるのですよ。あなた自身もいつ災難やトラブルに遭うかわからないのです。それは、お互い様なのです。

だからこそ、「この人となら何でも乗りこえて幸せになれる！」という覚悟ができたら、その人と歩んでいくのが正解なのです。

迷いのほうが強くなってしまうのであれば、別々の道を歩むことが正解なのです。

パートナーとうまくいかない！　ムカつく！

何もかもうまくいく夫婦関係なんてものはありません。だからといって、すべてがうまくいかない夫婦関係というものもありません。

夫婦というのは、はたからはどんなにアンバランスな組み合わせに見えたとしても、心の成長レベル（魂レベル）がほぼ同じ状態にある者同士が結ばれるようになっています。

あなたがパートナーの不満を並べたてているとしたら、残念ながらあなたもそのパートナーと同じ心のレベルだということになります。

パートナーに対する不満を言えば言うほど、「私はこの程度のレベルです！」ということを公に宣言していることと同じなのです。

パートナーとうまくいかなくなる原因としては、この本のなかにも出てきますが、「相手に対する期待感」が大きく影響しています。

・優しくしてくれて当たり前！
・自分のことを誰よりも理解してくれて当たり前！
・言わなくてもわかってくれるのが当たり前！

こういったあなたのなかの「当たり前」が、パートナーとの関係をこじらせていくのです。

「夫婦なんだから言わなくてもわかるだろう」は通用しないのです。

あなたが当たり前だと思っていることは、相手にとっては過度な要求に映ったり、非常識な要求であることも多いのです。

結婚する際に夫婦で「取り決め」を用意しておくと、不必要なことで腹を立てたり、揉《も》めたりすることも少なくなります。

「取り決め」として、「これだけは絶対に妥協できない！　許せない！」ということをお互いに5個くらいずつ準備します。

それを結婚する前やトラブルが起きたときに紙に書いて交わしておくのです。

たとえば、脱いだ洋服は必ず洗濯機に入れる。もし入れてなかった場合は、1枚につき500円を貯金箱に入れる。こんな取り決めをしたとしましょう。

夫に洋服をあちこちに脱ぎ散らかす癖があって、そのことに腹が立って仕方なかった女性が、逆に500円が手に入ると思うと嫌だったことがそれほど嫌じゃなくなったりするのです。

むしろ、「あと一回やってくれれば5000円貯まる！　それでどんなおいしいランチを食べに行こうかしら～！」なんて楽しみになったりもします。

ついでに言えば、

男というものはチクチク嫌みや文句を言われるよりも、取り決めがあって、破ったら罰金、もしくはなんらかのペナルティが課せられるというほうが気持ちのうえでも楽になります。

「少し自分も直してみようかな？」という気持ちになったりもするものなのです。

場合によっては、どちらか一方の取り決めが10個を超える場合もあるかもしれませんが、あまりに多いと息苦しくなってしまうので、それぞれに5個ぐらい、合わせて10個までがよいでしょう。

夫婦関係もお互いに期待しあって不満を溜《た》めこむより、あるがままの姿を尊重しあい、「これだけはお互いに守ろうね」というルールを最初から決めておくほうがうまくいくのです。

私たち夫婦の例で言うと、私も妻も干渉されることが大嫌いです。

私はホラー映画観賞や、プロレス観戦が趣味ですが、妻とはまったく趣味嗜好《しこう》が違います。食べ物の好みもまったく違います。

それでもかなり仲がよく、お互いを尊敬しあい、尊重しあいやっています。

干渉されることがお互いに嫌いですから、「お互いの好きなことには干渉しない」というルールがあれば、大した問題にはならないのです。

同じ部屋にいても夫婦でまったく違うことをやっていますが、苦にはなりません。

むしろ、同じ空間で別々のことをやっていても受け入れてもらえていることに大きな愛を感じますし、やすらぎさえ覚えます。

「これだけは絶対に譲れない！　許せない！」という取り決め以外は、許すのです。そんなことは取るに足りない問題だ……と流すことができれば、普通の夫婦関係はうまくいくようになっているのです。

本当に強い絆で結ばれた夫婦というのは、お互いが違うことをやっていても認めあい、それを応援することができる関係をいいます。

私がいままでたくさんの夫婦をカウンセリングしてきた経験から言いますと、「こうでなければならない！」というこだわりが強い人ほど、幸せな結婚生活を送れていないのです。

浮気された！　裏切り行為から立ち直れない……

旦那さんの浮気。この相談はかなり多くあります。たまに奥さんの浮気の相談もありますが、多くはありません。

「浮気は絶対に許せない！」
「男は浮気をする生き物だからしょうがない」
それぞれに意見はあるかと思いますが、セックス依存症等の心の病でもないかぎり、男女問わず「浮気」には、次のようなメッセージが隠されていると思っています。

「なんでもっと自分のことをちゃんと見てくれないんだ！　大事にしてくれないんだ！」

浮気とは、もっと自分を大切に扱ってほしいという、心の奥底からのＳＯＳなのです。

そもそも一生のうちにひとりしか愛してはいけない、ということに無理があるのです。もともと人は愛を与えたい存在ですから、たくさんの人を好きになり、たくさんの人を愛することができるようになっているのです。

そうじゃなければ、世の中が穏やかで平和にならないからです。

そして、自分が愛しているパートナーを、他の人が愛してはいけないなどという理由はないのです。心のなかで誰が何を思おうが、誰が誰を好きになろうが自由なのです。

誰が誰を好きになろうが自由なんですから、パートナーから冷たくされたり、いつもイライラした態度をとられていれば、別の異性に目が向いてしまうのも当然です。

結婚制度によって二人の関係が法律で守られているだけの話で、基本的には一対一の人間関係ですから、嫌になれば他の人と関係を築きたくなるのも無理もない話です。

旦那さんが職場の部下と約1年間にわたり浮気をしていたという職員さんがうちの職場にいます。本人がこの本に書いてくれてもかまわないとのことでしたので書きますが、大変落ちこみ、げっそりとやせてしまい、何とか息をして仕事をこなしているというくらい悲愴感漂う状態でした。でも、

旦那さんの浮気によって、「自分はこれほどまでに夫のことを愛していたんだ！」ということに改めて気づき、旦那さんに対して思いを配り、大切にしていこうという思いになったそうです。

旦那さんも浮気が発覚してすぐに部下の女性と別れ、もう一度夫婦としてちゃんとやっていきたいという意思を表明しました。

浮気や不倫を決して肯定するわけではありません。ただ、人は愛情に対してとてももろく弱い面を持っています。

自分の選んだパートナーに冷たくされたり、理解されなかったり、いつもグチグチガミガミ言われていたら心が持ちません。

ちょっと優しくされ、心の隙間にすっと入ってこられたら、なびいてしまう気持ちもわ

からなくもありません。

浮気は単なる「夫婦の危機」ではなく、より強い心で結ばれるための「再スタートのチャンスを与えてくれるもの」でもあると私は思っています。

夫婦だって人間関係ですから、お互いに成長する気持ちもなく、いたわりあう心配りもなければ気持ちが荒み、投げやりになってしまいます。一番近くにいる人との関係がそんな状態であれば、それこそ地獄にいるのと一緒です。

浮気している最中というのは、大抵の人は心の奥底で「バレてほしい……」と望んでいるものなのです。

「まだあなたのことが好きだよ！　愛してるよ！　でも、全然自分のことは大切にしてくれないよね！　本当はあなたとずっとやっていきたい……お願いだから気づいてほしい！」

このような思いが「浮気」なのです。一種のSOSですので、それに気がつかなかったり、お金さえ運んでくれればどうでもいいやという考えだったら、完全に気持ちが冷めてしまいます。浮気が本気になり、離婚になってしまうかもしれません。

浮気というのは、お互いの本心を確かめあう必要性があるときに出てくる、ちょっとときつめのスパイスだと思えばいいのです。

あなたが人として成長することを忘れず、パートナーを尊重しねぎらう気持ちがあれば、相手が浮気をしたとしてもすぐに戻ってきますし、気がついたら浮気の虫が収まっていたなんてこともよくあるのです。

「愛は器の大きなほうに必ず転ぶ」

この言葉を忘れず、夫婦といえども気を抜かずに、人として輝きつづける日々を過ごすように心がけてください。

「なんでもっと自分のことを
ちゃんと見てくれないんだ！
大事にしてくれないんだ！」
浮気とは、もっと自分を
大切に扱ってほしいという、
心の奥底からのＳＯＳなのです。

別れようかな、別れたいなと思ったら

パートナーと離婚したい。そういった相談も非常に多く持ちこまれます。

世の中のカウンセラーが、離婚相談に対してどういったアドバイスをしているのか、私にはわかりませんが、私は基本的に

「あなたのことをナメて見下す相手」とは離婚するようにアドバイスしています。子どもにとっても、百害あって一利なしです。

もちろん、相談者がもういっぱいいっぱいで耐えられない……という状態になっていることが前提ですが。

「ナメて見下す相手」とは、次のようなことを言ったり行動したりする相手のことです。

①あなたの親や兄弟、親戚、先祖の悪口や批判が多い。
②あなたの肉体的欠点を指摘して、優越感に浸っている。
③自分のやることはすべてOK、あなたのやることは全部否定。
④子どもの教育は全部あなた任せ。子どもに何かあればすぐにあなたの責任。
⑤あなたの交友関係、学歴やキャリアのなさをあげつらって非難する。
⑥あなたに暴力を振るって憂さ晴らしをする。
⑦女は飯炊き、掃除をしていればそれでいい、男は金さえ運んでくればそれでいいという考え方を持っている。
⑧浮気をするのはお前のせいだ！　あなたのせいだ！
⑨「あなたの考えは間違っている！」と常に指摘か否定。
⑩「お前に何ができる！　誰に食わせてもらっていると思っているんだ！」が口癖。

こういったあなたを人としてナメて見下す相手とは、早めに離婚をしたほうがよいでしょう。

このようなタイプは男性に多いですが、女性にもいます。あなたを馬鹿にすることで自分のコンプレックスを補っているだけなので、あなたからあらゆるものを奪っていきます。

大切な時間も、勇気も、肯定感も、仲間も、未来も。長く一緒にいればいるほど強い態度で出てきますので、早めに別れたほうが幸せになります。

上記以外の理由で「別れようかな、別れたいな」と思った場合は、もう少し辛抱してみたほうがよいと思います。

そのときは、まず半年から1年、自分に改善すべき点があるかどうかを徹底的に見つめ、まずあなたが変わる努力をしてみてください。だまされたと思ってやってもらいたいことです。

何があっても相手に責任転嫁をせず、自分が変わるということのみにフォーカスして続けてみてください。

あなたが半年間続けると、今度は相手が改善しなければならない番になります。

もし相手が改善する姿勢を見せたのであれば、別れなくてもよい状態になりますし、改善しなければ心置きなく別れを切りだしてください。

どうして半年から1年、こういった期間が必要になるのでしょうか？

人がなぜ悩み苦しむのか？

その原因は自分のことばかり考えていることにあります。
みんな自分のことばかり考えているから苦しくなるのです。

別れたいな……と考えている相手のことを半年間考え、自分が改善してみることで、別れた後のあなたの人生がスムーズに展開していくのです。

とりあえず自分のことは横に置き、目の前の相手のことを真剣に考えることで相手の気持ちになって物事を考えようとしはじめますから、あなた自身が変わっていくことができるようになるのです。

相手の立場にたって物事を考えることで自分が変われる！　という経験をすると、次の愛情関係に発展した人とも円満な関係を結べるようになります。

その努力は周囲の人たちが見ています。嫌だからとさっさと別れる人よりも、半年間真剣に努力した姿を見ていれば皆が応援したくもなります。「もう再婚はこりごり」と思っている人でも、その後の人生でいろんな人からの支援を受けてよい方向に進んでいけるのです。

これをやらずに感情に走って別れてしまうと、次に出会う人も同じようなタイプだったり、「今度こそ！」と思って再婚した相手が、さらに悩みの種をもたらす存在だった！なんてことが実に多くあるのです。

あなたをナメて見下す相手だけは、あなたがどれだけ大きな愛を注ごうが、自分を改善しようと努力しようが、伝わりません。常に自分よりレベルが下だと感じられる人しかそばに置きたがらないような相手とは、とっとと別れたほうが身のためです。奴隷になることも、サンドバッグになることも断固拒否することです。

それともうひとつ。どんな状態になってもひとりできちんとやっていけるように、経済力を身につけることを忘れずにいたほうがよいでしょう。

特に女性にとっては、「経済力」のあるなしは人生の選択肢に多大なる影響を与えます。経済力があれば、ひとりで生きていくという選択も恐れるに足りませんから。

子どもが言うことを聞かないので頭にくる！

もし子どもが親の言うとおり従順に動くとしたら、その子はあなたに恐れを抱いている証拠です。

言うことを聞かなかったら、親の機嫌が悪くなる。愛情をもらえなくなる。ほめてもらえなくなる。自分が親の機嫌を取らないかぎり、自分は受け入れられない。

このような思いがある子どもは、親に対して従順になります。

一方、「言うことを聞かないから頭にきちゃう！！」と嘆いている親のほうが、私から見ればちゃんとした教育をしているように感じます。

なぜなら、そういう家庭の子は、ありのままの自分でいても受け入れられると信じていて、「親の機嫌を取る必要はないんだ！」と心が自由でいられるからです。そして、自分を思う存分出せるのです。

「子どもが言うことを聞かない……」と悩んでいるみなさん、悩む必要はありません。あなたの接し方は、決して間違っていないのです！

私は子どもの頃から親に対して、「クソババア！」とか、「うるさいババア、あっちいけ！」なんてことをよく言っていました。親の言うことも、全然聞きませんでした。でも、親のことはとても信頼していたし、大好きでした。信頼し大好きだったからこそ、そのままの自分でいられたのだと思います。そのままの自分でいられたからこそ、「世の中は自分の味方であり、協力者だ！」と心から思えるのです。

みなさんも子どもの頃のことを振り返ってみてください。いま自分が幸せだなと感じていたり、仕事が充実していたり、家庭がうまくいっているなと感じているほとんどの人は、子どもの頃、「親の言うことを聞かなかった人たち」ではないでしょうか。

親に対して従順で、自分の意見を言わない、勉強はできるけど無表情、人の顔色ばかりうかがっている……という子どもは、大人になってから自分の幸せを自分の手で壊す、という傾向が見られます。

自分の意思で何かを行う、何かを成し遂げるということに対して罪悪感を感じるために、うまくいきそうになると自ら失敗する方向に舵《かじ》をきってしまうのです。自分の意思でやることは、「誰かに責められる」という意識がこびりついてしまっているからです。

子どもは見た目（肉体）こそ親に似ていますが、心（魂）はまったく別の存在です。考え方も趣味嗜好《しこう》も、好き嫌いも、使命もまったく違います。

子どもは親の所有物ではないのですから、親が思いどおりにしようとしたり、自分の都合よく子どもを扱おうとしたとき、それを感じ取って反発したり、言うことを聞かなくなるのが当たり前なのです。

それを無理に力でねじふせようとすると、子どもは自分の意思を消しはじめます。

つまり、「意思を持つことで悲しい思いをするくらいなら自分の意思なんていらない！」

と意思を持つことをやめてしまうのです。

もし、心優しい、自立して社会で活躍してくれる大人になってくれることを望むのであれば、親の言うことなんか聞かないことを歓迎してあげてほしいのです。

あなたが十分な愛情を注いでいるからこそ、自由に自分を表現できるのですから。

子どもにとって最も嬉しい言葉は、

「協力してくれてありがとう！　助かったよ！」です。

「何々しなさい！」ではなく、「何々してくれると助かるよ……」とか、「何々してくれると嬉しいな」と言ってもらえると、子どもは自分の意思を自由に表現しながらも、素直に動いてくれる傾向があります。

また、子どもが言うことを聞かないときは頭ごなしに叱るのではなく、「なぜ、あなたはそう思うの？」「どうしてあなたはそういうふうに考えるの？」と、子どもの主張を必ず聞くようにしてあげてください。

主張をきちんと聞いてあげたうえで親が意見を言うと、子どもはかなり受け入れやすくなります。

子どもが言うことを聞かないから頭にくるのは、「言うことを聞かせられないのは、親としての能力が欠けているからではないか？」と、自分に対して思ってしまっているだけの話なのです。自分の能力不足の不安に腹が立っているだけなのです。

もう一度言いますが、「親としての能力が高いからこそ、子どもは言うことを聞く必要がないほど自由でいられる！」のですからね。間違えないようにしてください。

「子どもは親の言うことを聞くものだ！」という誤った概念にとらわれていると、あなたが高齢者になったとき、子どもからこんなふうに言われますよ。

「年寄りになったら、子どもの言うことを聞くものだ！」

子どもが
言うことを聞かないから
頭にくるのは、
「言うことを聞かせられないのは、
親としての能力が
欠けているからではないか?」と、
自分に対して思ってしまって
いるだけの話なのです。
自分の能力不足の不安に
腹が立っているだけなのです。

第3章

小さな努力を馬鹿にしない

何をやってよいかわからないときは「他人のこと」を手伝う

「自分のこともできないのに、他人のことを手伝おうなんて思うんじゃない！」
「他人のことを考えている暇があったら、自分のことを考えなさい！」
こんなことを言われた経験がある人も、多いかと思います。

しかし、本当にそうでしょうか？　私は、まったく反対の見解です。

「自分が何をやってよいのかわからないときこそ、他人のことを手伝う！」

これが大事だと思っています。
私たちは、「自分が何が得意で、何が自分に合っているのか？」といったことが意外とわかっていないものです。

「とにかく行動を起こして、何にでもチャレンジしてやれ！」という性格の人はともかく、多くの人は、失敗することに恐れや抵抗感を持っていることでしょう。

積極的な行動を起こすことに抵抗がある人こそ、「自分以外の誰かのために時間を使って」ほしいのです。

自分以外の誰かのことを真剣に考えたり（その人が幸せになるために考える）、自分以外の誰かがやろうとしていること、やっていることの手伝いをしたりしてみるのです。

これは、仕事としてでもボランティアとしてでもよくて、報酬の有無は関係ありません。

その過程で、他人があなたの得意なこと、あなたに合っているものを教えてくれるのです。

たとえば、私の介護事業所にボランティアをやらせてほしいという人が来ました。

「介護の仕事なんて苦手……」と思っていたようですが、やってみると自分にとても合っていることがわかり、その後実際に介護の仕事に就きました。

また逆に、自分は人助けの仕事がしたいといつも思っていたけれど、実際にやってみたら合わなかったと、まったく別の分野の仕事を選んだ人もいます。

どうしても失敗するのが怖いと思ってしまう場合や積極的にチャレンジし自分に合うものを探していくことに抵抗を感じる場合は、「他人のやりたいこと、やっていることに便乗して、うまく自分探し」をしてしまえばよいのです！

これならあなたにリスクはありませんよね？
最初から、「自分に何ができ、何が合っているのかを探している最中です」「何をやっていいかわからないから、人がやっていることに協力したいという気持ちでいます」「協力させてください！」と言えば、まず断られることは少ないかと思います。

人は、本質的に「誰かの役に立ちたい存在」なのです。

生まれてから死ぬまで、誰かの役に立ちたいと思っているのが人間であり、それは魂に刻みこまれた遺伝子みたいなものです。
ですから、「自分のこともできないのに人のことを考えるな！」とか、「自分のことができるようになってから人のことをやってあげなさい！」というのは土台無茶な話なのです。そんなことを真に受けていたら、その人は一生他人のことに時間を使うなんてことはできません。

自分のことだけを考え、自分のことだけをやっていればよい人生なんて、考えただけでゾッとします。そんなつまらないことを、私たち人間はこれっぽっちも望んでいないのです。

にもかかわらず世の中のお父さん、お母さんはそれが正論だと思って子どもたちに主張しますが、それは逆に子どもの能力を発揮させないようにする行為といっても過言ではありません。

お子さんでも友だちでも、大切なパートナーでもいいでしょう。もし、「自分が何をやったらいいかわからない……」と言いはじめたら、迷わずこう言ってあげましょう！

「だったら、人の力を必要としている人のお手伝いをしてあげたらいいよ！きっと自分が何を望んでいるのか、何がしたいのかが見つかるよ！」

私は障害が重すぎて自分のことなんて何ひとつできません。「自分のことができないくせに人のことを考えるな……」なんて言われたら、死ぬまで社会貢献ができないわけです。

しかし、いままでの人生で自分のことよりはるかに他人のことを考えてきましたし、自分に仕事がない状況でも、どう生きればよいかわからないときでもずっと、人のために協力してきました。

だからこそ自分が何が得意で、何が合っているのかに気づかせてもらえたのです。

カウンセリングを仕事として始める前から、自分のほとんどの時間を人の話を聞くことに費やしてきました。
それによって、まわりの人たちが私の才能を開花させ、磨いてくれたと思っています。
人のために使う時間を惜しんでいたら、いまのような充実した天職にもきっと出会えていなかったでしょう。

「天職」に出会うためには「養職《ようしょく》」に情熱を注ぐ

「あなたがやっている仕事は天職ですか?」と尋ねられたとき、どれくらいの人が「YES!」と答えるでしょうか?

私は、かなり少ないのではないかと思っています。

私はカウンセラーであり、経営者でもありますが、ではどちらにおいても優秀なのかといったら、まったくそうではありません。また、どうしてもやりたい仕事だったわけでもありません。

優秀どころか、いつも葛藤しながらクライアントさんと向きあっていますし、様々な失敗をくり返しながら経営をしてきました。

でも、カウンセラーとしての仕事も、経営者としての役割も、私にとっては「天職」だと思っています。

失敗も苦しいこともたくさんありましたが、この仕事に携わっていることが楽しくて仕方がありません。様々な視点から眺めたり、ひっくり返したりしながら、いかに仕事を楽しむかということに重点を置き、楽しむ工夫をすることが苦にならないのです。だから、私にとっては、カウンセラーも経営も「天職」なのです。

仕事には、大きく分けて二つあります。

それは、「天職」と「養職《ようしょく》」です。

「養職」は私が作った言葉ですが、人が「天職」に出会うまでの仕事はすべて「養職」になります。

養職とは、天職に出会える自分に成長するまで、自分が学ばなければならないこと、改善しなければならない部分について必要なものを与えてくれる仕事のことです。

初めから天職だと思えるような仕事に就ける人は、滅多にいません。自分が選んだ仕事、与えられた目の前の仕事に一生懸命向きあうことによって、天職へと繫《つな》がっていくのです。

あなたがいま携わっている仕事をいい加減な気持ちや、嫌な気持ちでやっているのであれば、残念ながら天職にはなかなかめぐりあえないでしょう。

天職は、決して偶発的に与えられるものではなく、日頃から仕事に取り組む姿勢によってめぐりあえるものなのです。

とにかくあなたがいま携わっている仕事に情熱を持ち、楽しむ工夫をすることが大事です。情熱が持てず楽しめないのは、あなたがその仕事をナメているからなのです。

「こんな仕事は誰にでもできる、自分じゃなくてもいい！」とか、「もっと価値のある仕事がしたいのに、こんなつまらないことをなぜやらなきゃいけないのか！」なんて思っているとしたら、あなたは生涯天職に就くことはできません。

人も仕事も同じです。失礼な態度で臨めば、そっぽを向かれます。

「これは私の天職だ！」と言える仕事に就いている人に聞くとわかりますが、天職に恵まれた人は概《おおむ》ね「養職」に対して誠実に向きあってきた人たちです。

養職があなたの才能を引きだし、人間的な成長をうながし、人脈をつくりあげ、お金までもたらしてくれるのです。

私は自分では動くことができないため、「人に会いたくないな、今日はひとりでいたいな」と思うときでも、逃げ出せません。訪ねてこられれば、会うしかありません。

「今日は気分が乗らないから帰ってくれ……」と言える性格であれば苦労はしませんが、言えないので考え方を変えたのです。

来た人からどんどん自分の知らない世界の話を教えてもらおう！　そうすれば疑似体験できるし知識も増える、苦痛に思うのではなく自分が成長するネタをもらっていると思うことにしよう！　と、気持ちを切り替えたのです。

楽しむように工夫していたら、知らない間に結局それがカウンセラーという天職になっていたわけです。

楽しめる工夫をし、情熱を持って目の前の仕事に取り組む。

その積み重ねが、「天職」にめぐりあうための最短かつ最も有効な方法なのです。

仕事から選ばれる人、愛される人になる方法

仕事も恋愛や結婚と同じで、「相思相愛」になることが大切です。

私たちは仕事を選ぶとき、「こんな仕事に就きたい！　こんな仕事は嫌だ！」とか、「この仕事には将来性があるからここに就職したい！」なんて結構好き勝手を言っているものです。

仕事は、私たちのほうから一方的に「選んでいるもの」と思っているかもしれませんが、実は、私たちが仕事から「選ばれている」ともいえるのです。

たとえば、介護という仕事の本質は、「手と心を介して護《まも》る」ことにあります。

そんな気持ちはさらさらないのに、適当な就職先がないから介護の仕事でいいやなんて思っていたら、仕事のほうから「ごめんなさい！」とフってきます。

仮にうまく付きあいはじめたとしても、途中で「やっぱりごめんなさい！」とフラれるのがオチです。

カウンセリングの仕事だって、「そんなちっちゃい悩み、いちいち相談してくるなよ！」と思う性格の人がいくらカウンセラーになりたいと言ったところで、カウンセリングという仕事にはフラれてしまうのです。

惚《ほ》れた異性が現れたら、その人に好かれたい一心で、相手のことを理解しようと努力したり、もっと自分を磨いて振り向いてもらおうと必死になりますよね。

仕事だって、それとまったく同じなのです。

「ある会社に入りたい！　この仕事に就きたい！」と思ったら、その会社や仕事について勉強するものですし、自分に足りない技術や資格があれば取得しようと努力します。

仕事と相思相愛になるためには、仕事を楽しみ、自分を成長させていくという気持ちがとても大事になるのです。
楽しむ気持ちも成長する気もまったくなく、収入を得るために仕方がないからこの仕事をしているという人は、夫婦の関係にたとえるとこうなります。

「愛情もないし一緒にいても何も楽しくないんだけど、生活していくために仕方がないから一緒にいる」

「家に帰ればブツブツ文句を言われて面倒くさいけど、飯炊き、掃除を自分でやるのは嫌だから仕方なく一緒にいる」

これって、本当に辛いことですよね。お別れしてしまうのも時間の問題です。
仕事においても自分を磨き成長させていくという気持ちがなければ、お別れになってしまうのです。
仕事のほうだって収入のためだけを目的とされるよりも、世の中にちゃんと生かしてくれる人に携わってもらいたいと思っているのです。

だから、仕事は突然津波のように押し寄せたり、干潮のようにさっと引いたりして、あなたが本当に愛してくれるかどうかを試します。

トラブルを起こして、あなたの仕事に対する愛の大きさを試します。

そうやって仕事も、自分を生かしてくれるふさわしい人を選んでいるのです。

私は現在の仕事を心から愛しています。だから、時間があれば、とにかく勉強します。成長していく自分が楽しくてワクワクするし、成長すればするほどできる仕事が増えていくことが嬉しいのです。

仕事から愛されると出てくる兆候というものがあるのですが、私のエピソードをお話ししましょう。

私はときどきダブルブッキングをしてしまいます。決してほめられることではないのですが、すでに予定が入っていることを忘れてカウンセリングの予約を入れてしまうことがあるのです。

しかし、11年間でトラブルになったことが実は一度もないのです。

「ダブルブッキングしてしまった！」と気づいた後に、予約していたクライアントさんご本人から別の日時に変更したいと言ってきてくれたり、もともと入っていた仕事が突如他の日に変更になったり……。

とにかく勝手に仕事のほうから動いてくれるのです。


また、喉が痛くてこれは風邪《かぜ》の兆候だ……と感じると、カウンセリングの予約がピタッと入らなくなります。
二、三日経って風邪が回復する頃に合わせて、ジャカジャカ予約が入ってくるのです。
「今日は体調がよくないな……」と思う日は、なぜかクライアントさんの相談内容が比較的軽めのものだったり、短い時間で気持ちをすっきりさせて帰ってくれたりと、すべてが自分のやりやすいように展開していくのです！

そういう場面を見慣れている職員たちは、私が「今週は普段より予約が少ないな」と言うと、「ちょっと体調を崩すか、別の用事が入るのかもしれませんね……」なんて返してきます。実際に、かなりの確率でそのようになります（笑）。

仕事から愛されると、自分のほうから無理に動かなくても、ちゃんと仕事のほうからお膳立てしてくれ、望むものを与えてくれるようになるのです。

これは、仕事と「相思相愛」になると誰もが経験します。

ぜひ、仕事と「相思相愛」になって、仕事から惚れられ、一段と輝くあなたになれますように！

仕事は突然津波のように
押し寄せたり、
干潮のように
さっと引いたりして、
あなたが本当に愛してくれるか
どうかを試します。
トラブルを起こして、
あなたの仕事に対する
愛の大きさを試します。

究極の仕事とは「本当のあなたになる」こと

「池谷さんにとっての仕事とは何ですか？」と訊かれたら、こう答えます。
「池谷直士《なおひと》になることです」と。

本当の池谷直士として生きることが、私の最大の仕事だと思っています。

どういうことかといいますと、人にはそれぞれ個性や才能、思い、人間関係といった様々なツールが与えられています。

何のために与えられているかといえば、ひとりひとりが「最高に輝く自分」になるためなのです。

「これが自分だ！」と感じているあなたは、本当に満足し納得でき輝いているでしょうか？　他人から「これがあなたですよ！」と与えられ植えつけられたイメージの範囲内で生きようとしていないでしょうか？

自分の生き方に納得できない、自己実現ができずに悩んでいる人たちの共通点は、「努力の方向性がズレている」ことです。

どんなに努力をしても報われないことは、世の中にたくさんあります。でも、努力は人を裏切らない。私はそう思っています。

では、人を裏切らない努力とは、なんなのでしょうか？

それは、「自分を知る」努力です。

自分をきちんと知らずに、人からの評価や現状ばかりを見て自分を判断してしまうから努力する方向性がズレてしまうのです。

私の例でお話ししましょう。

私には若い頃、法律関係の仕事に就こうと勉強していた時期がありました。車椅子でもできるかもしれないという理由からです。

一生懸命勉強しましたが、なぜか試験を受ける気にはなれなかったのです。

これをやらないと自分は生きていけないという思いから、一日に何時間も勉強するのですが、本気で試験を受けようとせず、またその後もどうやって仕事をしていくのかといったプランさえも立てる気がまったく起こりませんでした。

他にもウェブ制作の勉強やネットでの商品販売の勉強をしたりと、車椅子でもできそうなことはとりあえずやってみましたが、結果が出ないのです。

ある日結果が出ないのは、私が障害者だから障害があってもできそうな仕事ばかりを選んでいて、自分に与えられたツールを使おうとしていないからだ！　ということに気づきました。

本当に私がやりたかったことは、神道について学んだり、心理学や精神世界の勉強をすることだったのです。

考え方を変えて、勉強した知識を生かし、まわりの人に無料で鑑定（人生相談）をしてあげていたら、どんどん評判が広がり、あれよあれよという間に全国から予約が入るようになっていきました。
おかげ様でそれが私の仕事となり、この11年間、仕事が絶えたことがなく、集客で困ったこともありません。宣伝もブログでしかしていませんので、ほとんどは口コミで広がっていったのです。

いままで何をやっても結果が出なかったのに、障害がある自分というものにこだわるのをやめ、誰の目も気にすることなく、本当に自分がしてみたいことをやるようにしたら、あっという間に結果が出て、輝きつづける自分になっていたのです！

「自分を知ること」、そして「本当の自分になること」が、取り組むべき最大の仕事。それが、最高の社会貢献へと繋がっていくのです。

「自分を知る」のは、なにも難しいことではありません。

やってみて失敗することで自分を知る。

いろんな人と向きあうことで自分を知る。
チャレンジしてみてうまくいった！　その達成感で自分を知る。
人に傷ついて自分を知る。
人を傷つけて自分を知る。
人の優しさに触れて自分を知る。
人と別れて自分を知る。
人を好きになって自分を知る。
人から愛されて自分を知る。

ひとつひとつの体験から自分は何を思うのか？
何が自分の正直な気持ちなのか？
まわりからよい評価を得ること、認められることが目的になってはいないか？
自分はどんな価値感を持っていて、何をしたいのか？

自分を知ることが、よりよく生きるために最も大事なこと。そう、私は思っています。

「自分を知る」のは、
なにも難しいことではありません。
やってみて失敗することで自分を知る。
いろんな人と向きあうことで自分を知る。
チャレンジしてみてうまくいった！
その達成感で自分を知る。
人に傷ついて自分を知る。
人を傷つけて自分を知る。
人の優しさに触れて自分を知る。
人と別れて自分を知る。
人を好きになって自分を知る。
人から愛されて自分を知る。

落ちこみやすい人は、小さな努力を馬鹿にしている

「落ちこみやすい人間は、自意識過剰である」
私はそう思っています。

なぜそう言えるのか？
それは私自身が、かつてはとても落ちこみやすい人間だったからです。

こんなこともできない自分はダメな人間だ！　人にお世話になるばかりで、何も相手のためにしてあげられない自分はダメな人間だ！

あの人がちょっと疲れた顔をしている……。
自分が負担をかけているからだ……。

こんなふうにちょっとしたことでも自分の責任だと感じて落ちこむことが多かったのです。

いわゆる、「人の顔色をうかがう」タイプだったのですね。

私は数年前までは、木の棒を使ってパソコンのキーボードを打つことができていました。10年前まではペンを持って自分で文字を書き、コップを持って飲み物を飲み、歯も自分で磨いていました。

徐々に自分でできることがなくなり、頼みの綱であったパソコンのキーボードが自分で打てなくなったとき、正直、「これで俺の人生、終わったかも?」と愕然としました。この世の終わりが訪れたような落ちこみ方をしたものです。

そんな私の姿を見て、妻はこんなひと言を口にしたのです。

「いまさらいろいろなことができなくなったところで、何も変わりゃしない。直ちゃんは、いるだけで影響力を与えられるんだから、他人が代わりにできることは全部やってもらえばいいんだよ。まわりにいるみんなは、喜んでやってくれるよ！　何なの？　それってプライド？　誰も気にしちゃいないよ！　自意識過剰なんだよ」

「プライド……」「自意識過剰……」

まさにそのとおりだったのです。本当にそのとおりだなと納得したとき、私は小さな努力を馬鹿にしていたことに気づいたのです。

自分でできないことが増え、誰かにこれ以上お願いすることが面倒くさい。細かいことを説明したり、相手の時間に合わせながら自分のやりたいことを手伝ってもらうことへの面倒くささが何より先に立っていたのです。

「自分が何もできなくなった状態ではあるけれども、何ができるのか？」とまず考えたとき、言葉がしゃべれるのだからしゃべって文字を打つことを思いつきました。AmiVoiceという音声文字変換ソフトを購入し、とても手間はかかりますが、言葉をソフトに覚えさせて自分の手の代わりにしました。

するとおもしろいことに、入力作業が何十倍も早くなり、考えられないくらい多くの量の仕事をこなすことができるようになったのです！

さらに私は、マウスを動かすことも困難になってきたため、顔の一部に反射テープを貼り、パソコンに取りつけたカメラセンサーによってマウスを動かすというソフトを導入しました。

どんどん文章を打ちこみ、唇に貼りつけた反射テープをちょこっと動かすだけですべてのパソコン操作が可能になったのです。

「いままでできていたことなのに……」ということにとらわれず、もう一度原点に立ち返って、「小さな努力を積み重ねる」ことによって、かつての何倍もの仕事ができるようになったのです！

落ちこんでいる暇があったら、とにかくいまできる小さな努力をきちんと積み重ねる。

それで道は開けていくのです。


すぐに落ちこんだり、自分を責めたりしやすい人は、「他人からどう思われるだろうか？」ということに目を奪われすぎています。

つまり、自意識過剰なのです。

自分が思っているほど、人はこちらのことを見てはいないのです。

みんな自分自身のことで精一杯なのですから。


落ちこみやすい人は、自分を責めて愚痴る暇があったら、自分は小さな努力を面倒くさがっていないか、ちょっと目先を変えて取り組んでみればよいだけの小さな努力を馬鹿にしていないだろうか、ということを考えてみてほしいのです。

そこに気づいて小さな努力を馬鹿にしなくなったとき、新たな自信の芽が育ちはじめていることを実感するでしょう。

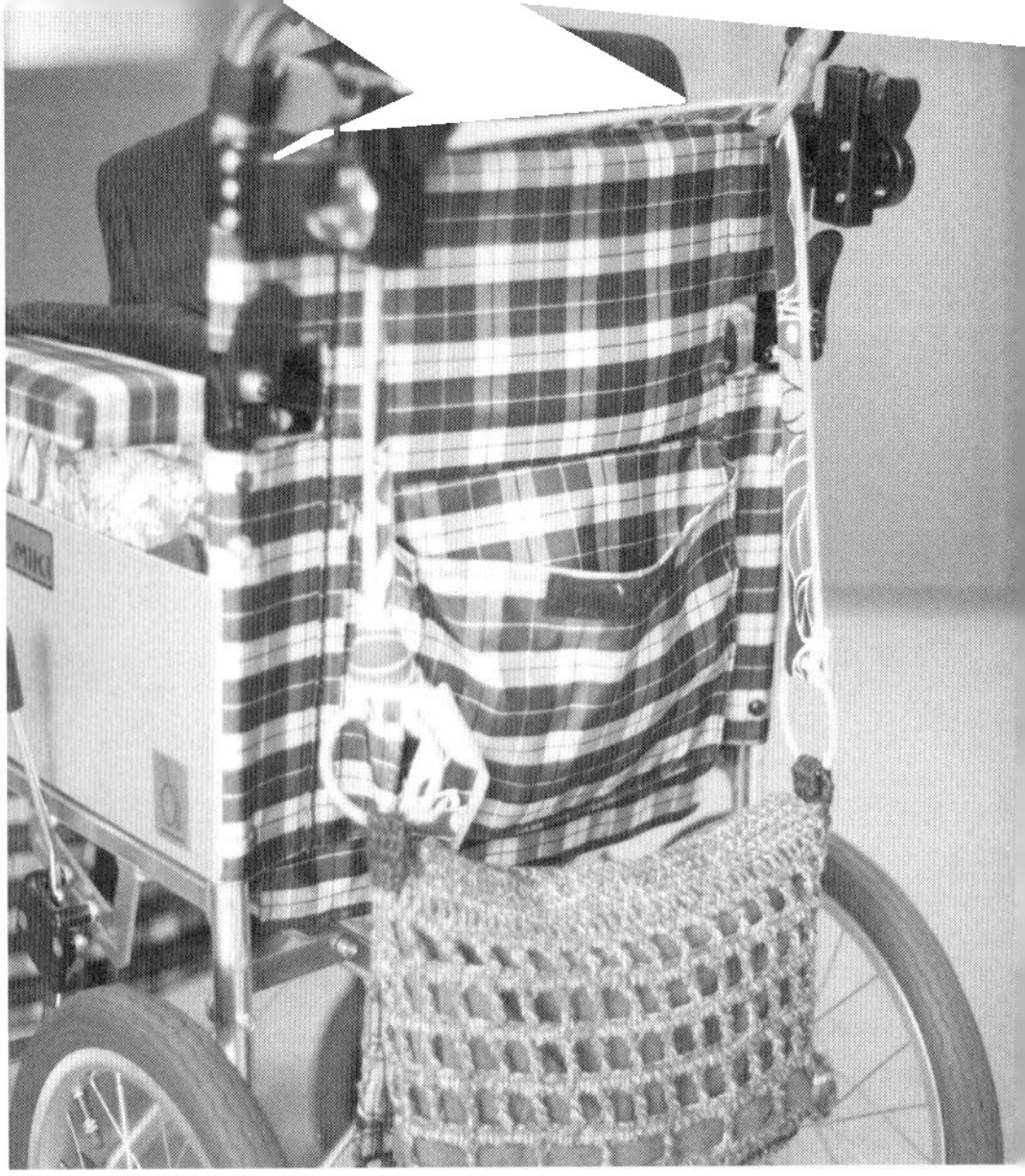

すぐに落ちこんだり、
自分を責めたりしやすい人は、
「他人からどう思われるだろうか？」
ということに
目を奪われすぎています。
つまり、自意識過剰なのです。
自分が思っているほど、
人はこちらのことを見てはいないのです。
みんな自分自身のことで精一杯なのですから。

人と比べない、五十歩百歩なのだから

自分に自信がある人は、他人と比べることをしません。

他人と比較し、相手のほうが優れている、自分はダメだと落ちこんだり、嫉妬したりすることにまったく意味がないことを知っているからです。


なぜ、意味がないかって？

だって、自分の人生は自分で歩むしかなくて、他人が代わって歩んでくれないからです。

誰も代わってくれないことがわかっていれば、人と比べて生きるということがどれだけ無意味なことかがわかるのです。

私の元を訪れ、「すぐに人と比較して苦しんでしまう……」という人には、こうアドバイスをします。

「あなたより優れている相手が、あなたの一生を面倒見てくれるのですか？　見てくれるというのであれば、どんどん比較して落ちこめばよいのです。でも、見てくれませんよね？　だったら比較することは無駄ですよね……」

実は人と比較して落ちこんだり悩んだりする度合いが激しい人というのは、他人より優位に立つとすぐに威張りたがる傾向にあります。上から目線になりやすいのです。

自分と相手は同等で、それぞれが与えられた能力を十分に生かし、それぞれの役割をきちんと担っていくことが大切だと思っている人は、人と比較して落ちこんだり傷つくことはまずありません。

相手が自分より優れていて、きっと自分のことを見下している、馬鹿にしているとイメージするから悔しくて落ちこむのです。

自分が浮気していると、パートナーの言動に不信感を持つのと同じように、自分が優位に立ったときに人を見下す傾向があることを自分でうっすらとでもわかっているからこそ、人と比べて落ちこむのです。

自分と他人を比較して苦しんでしまう人は、子どもの頃から身近な人たちにあまり認められてこなかったり、いつも兄弟や誰かと比較されて育ってきた人たちでしょう。

また職場でも、社長や上司から他の社員と比べられて、傷ついてきたことも多いでしょう。

私も随分自分と他人とを比べて苦しんできた人間です。そりゃそうですよ、自由に動けるというだけで、もうすでにまわりの人たちは私より優れている……と感じてしまっていたのですから！　自分は体が動かない＝仕事もできない、恋愛もできない、思い描いたことは何も実現できない……と。

でも、気づいたんです。

私は若い頃、「自分は他の障害者とは違う！」という思いあがった考えにとらわれていたことがあるのですが、人より優れていたいという思いあがりが他人と自分を比較させ、こんなに自分を苦しめてしまうのだ！と。

そのことに気づいてから「他人にフォーカスする」ということをやめ、すべて「自分自身にフォーカスする」という生き方に切り替えました。

自分が持っている長所、優れているなと感じる部分、まわりがほめてくれる部分をとにかく伸ばしていこうと決めたのです。

そして、他人に抱いてしまう嫉妬心や怒り、イライラという感情を相手のせいにして逃げずに、すべて自分の問題としてフォーカスするようにしたのです。

なぜ自分は嫉妬するのか？

あの人にイライラするのか？

自分の心を素直に見つめたとき、こんがらがっている感情の糸がすっとほぐれて１本の糸になっていったのです。

すると不思議なことに、人がやっていることや言動が気にならなくなり、自分の目標をまっすぐ見つめて歩んでいけるようになりました。

人のことをいくら分析したところで、それは身勝手な自己満足にすぎません。自分にフォーカスできるようになったとき、初めて人の心が理解できるようになるのです。

他人にフォーカスするのをやめることで、余分なエネルギーを使い果たし疲れることもなくなりました。

「他人にフォーカス」しているととにかく心が疲れ、ひどい場合には心が病んでいきます。

そうではなくて、「自分にフォーカス」して生きてみてください。

まず、自分のよいところ（何でもよいのです）と欠点を書き出し、次にまわりの人に自分のよいところと直したほうがよい部分を聞いてまわってください。

すると、あることがわかります。

長所やほめられた部分は、見方を変えれば欠点にもなり、欠点や悪いと指摘された部分は、見方を変えれば長所になることが。

あの人のほうが優れている、自分はダメだと思っていたとしても、所詮、現実は五十歩百歩、何も違いはなかったんだ！　ということがわかってきますから。

自分に自信がある人は、
他人と比べることを
しません。
他人と比較し、
相手のほうが優れている、
自分はダメだと落ちこんだり、
嫉妬したりすることに
まったく意味がないことを
知っているからです。

第4章
自分の〝闇〟が武器になる

自己肯定感はお金では買えない

私が重度障害がありながらも自分に自信を持ち、積極的に人生にチャレンジできるようになったのも、家族や周囲の人たちのおかげです。
家族や周囲の人たちは、何ひとつ自分でできない私に対して、「自己肯定感」を持てる環境を与えてくれたのです。

なかでも、十分な自己肯定感を持つことができるよう、土台をつくってくれたのが父でした。父の存在を抜きにして、私の人生を語ることはできません。

父はとても優しく、一生懸命に仕事をする人ではありましたが、お金と女性にルーズで、常に浮気相手が絶えない状態でした。

私が子供の頃から結婚するまで、その状況は続いていました。結婚が決まった頃、父の経営する会社は親会社の経営不振の煽《あお》りを受けて連鎖倒産しました。多額の借金を残したまま父は女性と蒸発。連帯保証人だった母は、その日を境に2千万円を超える借金を抱えることになりました。

借金取りは母だけでなく、私や弟妹たちのところにもやってきました。まるでテレビドラマや小説のように、取り立て屋が毎日のように家にやってきては父の居場所を追及してきます。銀行からは矢のような催促の電話がかかってきて、家庭の雰囲気はとても重苦しく、家族の頭の上だけに雨雲が滞留しているような日々でした。

このように追い詰められたら、多くの人は自己破産を選ぶことでしょう。しかし、母は勤め先に頼みこんで退職金を前借りし、私たち弟妹も少しずつお金を出しあいながら、約2年間で借金を完済することができました。

一番辛く大変な思いをしたのは母ですので、私は母を目の前にしてはずっと言えませんでしたが、実は、いまとなっては父のことをまったく恨んではいないのです。「それでも少しは恨んでるでしょ？」という声が聞こえてきそうですが、正真正銘まったく恨む気持ちはありません。

なぜかというと、父は大変子煩悩なところがあり、私たち子どものことをものすごくかわいがってくれたからです。毎週末には必ずどこかに遊びに連れて行ってくれ、私たちが何かを頼めばそれが少々難しいことであっても何とかして実現しようとしてくれた父でした。

いまでも強く印象に残っているのは、とにかく私をいろいろな場所に連れ出し、いろいろな人に会わせ、満面の笑みを浮かべてこんなふうに話す姿です。

「うちの息子は体は不自由だけど、何でもできるすごい奴なんだ！　俺の息子は、すごいんだ！」

すごくも特別でもなんでもないのに、父は誰に対しても憚《はばか》ることなく私のことを自慢してまわりました。そんな父の嬉しそうな姿を見るにつけ、「自分は障害があるけれど、このまま生きていていいんだ！　何もできなくて人に迷惑ばかりかけているけれど、こんなに愛してくれる人がいるんだ！」と、心の底から自分の生に対する喜びを感じたものです。

「何もできない重度障害のある自分が、生きているだけで誰かを喜ばせている……幸せにしている……」

そのときの喜びが、いまでも私のなかに大きく光り輝いています。

いまの私が何事にも臆することなく、堂々と自分を表現し生きていくことができるのは、父の「お前はすごい奴だ！」という言葉と笑顔があったからこそです。

それは、人が生きていくうえでとても大切な「自己肯定感」という宝物でした。

会社を倒産させ、借金を作り、女性と失踪してしまったとんでもない父。

十代の頃は、仕事は人一倍やるけれど、女性関係がルーズで母を泣かせていた父に対して、「この世から消えていなくなればいい！」「体が動いたら殺してやりたい！」くらいの嫌悪感をもっていました。

しかし、大人になって自分の人生を振り返ってみると、そんな父が与えてくれた宝物の大きさに感謝せずにはいられません。2千万円というお金では貰えない貴重な財産を私に残してくれたと思っています。

自己肯定感は、どんなにがんばってもお金では買えません。

だから、私はそんな大事なものを与えてくれた父に対して、まったく恨む気持ちを持っていないのです。

現在、子育て真っ最中のみなさんに理解してほしいのは、子どもに与えてあげられる最高の贈り物は「自己肯定感」を持たせてあげることです。

ときには感情的に叱ってしまったり、心無い言葉を言ってしまうことがあるかもしれません。

けれど、その何倍も「あなたはすごいんだ！　あなたがいるだけで私たちは幸せだ！　あなたはみんなを幸せにしている！」という思いを言葉と行動にして、何度でも伝えてあげてください。

それだけで、子どもは自分の将来に希望を持てるようになり、一歩を踏みだす勇気としていくことができます。幸せを感じて生きていく力を持つことができるのです。

障害者の「害」の字を変えても何も変わらない

最近は「障害者」の「害」の字を「碍」「がい」と表記することが多くなってきました。「害」という文字から連想するイメージが悪い、という理由はわかりますが、私の個人的な見解としては、「そんなもん、どちらでもよい」のです。

私は、いまでも「障害者」と表記しています。理由は、二つあります。

一つは、「害」という字を変えたところで、世の中の障害者に対する意識はほとんど変わらないから。

もう一つは、「害」という一部分を変えることで余計にスポットを当ててしまい、自分たちのほうがマイナスイメージを持っていることを露呈しているから。

「障害者」の「害」の字を変えるのであれば、「ハゲ」「デブ」「ブス」「チビ」といった身体的欠点を嘲笑する言葉だって変えなければいけないのではないでしょうか？

こんなことを言うとお叱りを受けるかもしれませんが、私は「キングオブ障害者」ですので胸を張って言いますね。健常者のみなさん、障害者にビビりすぎです。

障害のある方も平等に対等に接してほしいという思いを本気で持っているのであれば、細かいことを健常者や社会に求めすぎないことです。

「障害者の害の字を変える？　バカ言ってんじゃないよ、俺たち、そんな小さなことはどうでもいいよ。それよりさ、ハゲとかブスとか、肉体的欠点を笑う言葉はやめようぜ。自分から言うのは自由だけどさ、嫌だと悩んでいる人に向かって投げかけるのはよそうぜ」

こんな器の大きなところを見せてほしいのです。

「障害者の権利？　そりゃ、あったら嬉しいけど、まず子どもたちが健全に暮らせるように先にみんなで支援してあげてよ！　俺たちは本当に必要であれば声をあげられるけど、子どもたちはそうじゃないからね」

なんて言えたら、「障害者すげえ！　格好いいじゃん！」と、世の中がいい意味で障害者に興味を持ってくれるようになると思うのです。

私はよく「障害を抱えていて大変ですね」と言われると、こんなふうに返しています。

「いえいえ、健常者のほうが大変だと思います。障害者は何かできなくても、障害があるんだから仕方ないで済ませてもらえますが、健常者は『ふざけんな！』と一蹴されて終わり。それに障害者が何か頼めば、疲れていてやりたくないときでも手を貸さないと外道《げどう》の如《ごと》く叩《たた》かれます。どっちも大変かもしれないけど、私から見れば健常者のほうが大変そうです」

これは、私の紛れもない本心です。

障害を持っている人というのは、例外なく魂が大きいのです。魂が大きいということは、それだけ多くの人を受けとめ、癒やせる力があるということなのです。

健常者が本気で障害がある人たちのために力になりたい、対等に付きあっていきたいと思う最大の動機となるのは、次の三点です。

①障害があるのだからやってくれて当たり前、気を使ってくれて当たり前、特別な対応をしてくれて当たり前と思っていない、素直に感謝の気持ちを表現できる障害者と出会った場合

②障害がある人と知りあったことで生き方が変わった、障害がある人から大事なものを与えられたという経験ができた場合

③決して健常者になろうとせず、障害を隠れ蓑にせず、卑屈さや同情心を煽って健常者をコントロールしようとしない障害者と出会った場合

ときにテレビなどでいわれるような、「がんばっている」とか「感動を与えてくれる」ということではないのです。

もっとはっきり言ってしまえば、「自分たちは障害者だ！　私たちにも健常者と同じ権

利がある！」と叫ばない人たちに対して健常者は心を開き、本気で協力したいと思うものなのです。

これは、私が出会ってきたほとんどの友人、知人たちの率直な思いなのです。

いくら文字や呼び方を変えても、法律で縛ったとしても、人の理解には至らないのです。それよりも、健常者が障害者に対し過剰に気を使わず、もっと言いたいことを言いあえるような雰囲気に持っていくことが大事だと思っています。

NHKで放送している「バリバラ」。障害者がつくるバラエティー番組、あれはすばらしいですね。

いまはYouTubeでも様々な障害者が自分をネタにして笑いをとったりするなど、人に不必要な気を使わせない障害者たちがどんどん自分を表現しはじめています。

正直、堅苦しい福祉団体や障害者支援団体が提案するものよりははるかに障害者理解に繋がっていると思うのは、私だけでしょうか？

自分にある〝闇〟こそ最高の武器になる

自己の「存在意義」について、悩む人は案外多いものです。

人は誰かのためになっている、社会に役立っているという実感がない状態では充実感を持って生きられない存在である以上、当然なことかもしれません。

では、この「存在意義」とは、どういうものなのでしょうか？

ひと言で言えば、「自分は何をするために生まれてきたのか？」という問いかけに対する答えが、「存在意義」と呼ばれるものだと思うのです。

自分の「存在意義」を知るためには、二つのアプローチが必要です。

ひとつは、「人生の光の部分」にフォーカスすること。
もうひとつは、「人生の闇の部分」にフォーカスすることです。

光の部分にフォーカスするとは、嬉しかったことや感動した出来事に影響を受けて、そこから自分の存在意義を見いだしていくアプローチ。

たとえば、中学生の頃に尊敬できる担任の先生と出会い、学力が向上し充実した学校生活を送ることができた。その先生のおかげで目標も達成できたし、生きることが楽しくなった！　だから自分も、学校の先生になってたくさんの生徒を支援していきたい……。

そんな思いから学校の先生になった人は、自分の人生の「光の部分」から存在意義を見いだした人です。

逆に、闇の部分にフォーカスするとは、悲しかったことや辛かったこと、心を痛める出来事に影響を受けて、自分の存在意義を見いだしていくアプローチ。

私の場合は、こちらの「闇の部分」にフォーカスすることによって自分の存在意義を見いだすことができたので、その経験をお話しします。

私が子どもの頃はいまの世の中とは違って、障害者はできるだけ目立たないように、人に迷惑をかけず、邪魔にならないようにひっそりと生きていくことが暗黙のルールみたいなところがありました。

特に、近所の子どもたちに一緒に遊んでもらえないといったように、いつも排除されるか、逆に特別扱いされるかのどちらかで、子ども心にも強い疎外感を感じていました。

外に一歩出れば好奇の目に晒《さら》され、「気持ち悪い！」とか「化け物！」といった心無い言葉の攻撃を受けることも日常茶飯事でした。

自分の障害を恨んだことも、自由に何でも好きなことや楽しいことができるまわりの人たちを妬《ねた》んだこともありました。とても悔しかったし、たとえようがないほどの寂しさもありました。

そう、私の根底にある最も強い闇とは、「寂しさ」なのです。

どうして人は見た目で差別したり、排除したりするんだろう？

どうすればみんなが楽しく過ごせるようになるんだろう？
ずっとそんなことを考えていたような気がします。

自分が創りだす世界は差別や排除がないものにしよう。ひとりひとりがそれぞれ与えられたものを最大限に生かし輝くことができる世界を創りたい！　誰もが寂しさを感じずに済むような世界を創造していきたい！

そんな思いが原動力となって、いまの自分があります。

心を激しく痛めるような闇を経験してきたからこそ、どうすればみんながその闇から解放されるのかということもある程度わかりますし、光に変えていくこともできるのです。

介護という仕事、カウンセラーという仕事、経営者という役割のすべてで私は自分が理想とする世界を創りあげようとしてきました。徐々にそういった世界を多くの人と共有し、表現できる状態になってきました。

こんな世界を創りあげることこそ、私の「存在意義」だと思っています。

多くの人は、自分が経験してきた辛い出来事、悲しい出来事から目をそむけようとします。

しかし、「あんな経験なければよかった！　もう一度過去に戻ってやり直したい！」と思うような闇の部分こそ、世の中が必要としているあなたの「存在意義」と直結していると考えてほしいのです。

実際に、闇の部分にフォーカスし、それを光に変えてきた人たちが世界を変えています。ひとりひとりに訪れる経験はすべて、「自分自身」と「あなたの大切な人たち」に生かされるためにある、ということを忘れないでほしいのです。

心を激しく痛めるような闇を経験してきたからこそ、
どうすればみんながその闇から解放されるのか
ということもある程度わかりますし、
光に変えていくこともできるのです。

本当は世の中には「かわいそうな人」はひとりもいない！

「あなたは、体が動かなくてかわいそうね……」

「体が動いていたら、きっと自分の好きなことができて、結婚もして、幸せになっただろうに……」

若い頃、私のことを見てそういった同情の言葉をかけてくる人たちがいました。

大抵がお子さんを社会に送りだし子育てが終了した世代の女性だったり、誰かに同情することで自分はまだましだと思いたいゆがんだ自尊心の持ち主でしたが、正直、私は自分のことをかわいそうだなんて思ったことは一度もありません。

思春期の頃は、「どうして自分はこういう体で生まれてきたのだろう……」という激しい葛藤もありましたが、その意味を知りたかっただけで、かわいそうだとか、誰かに同情してもらいたいといった気持ちはケシ粒ほどどもありませんでした。

いまでもたまに私のことをよく知らない人たちが、そういった態度で接してくることもあります。

でも、「かわいそう」という言葉は、病気で苦しんでいる人や障害のある人、波乱が絶えない人生を送っている人たちに対して使う言葉ではありません。

「かわいそう」というのは、自分の人生を自分の責任で生きようとしない人のことです。

何でもかんでも「人が悪い！　社会が悪い！　政治が悪い！」と、自分以外のもののせいにする生き方しかできない人を「かわいそう」というのです。

どんな状況であろうと、自分の人生を楽しく明るく、与えられたものを精一杯生かして生きている人を見たら、それは「かわいそう」ではなく、「ありがとう」なのです。

人は相手の立場に立ってみなければ本当のことはわからないし、いくら考えてみてもわからないことだってたくさんあります。

わからないけれど、目の前で「こういった生き方もあるんだよ！」ということを見せて、教えてくれている人がいたら、それは「ありがとう！」なんです。

私はカウンセリングをやっていて、いままで一度も目の前のクライアントさんを「かわいそう」と思ったことはありません。

また、運営している介護事業所の利用者さんに対して一度も「かわいそう」と思ったことはありません。

だって、少なくともお金を払ってカウンセリングを受けようと思う人は、前向きに改善しようと努力しています。何でもかんでも人のせいにして終わらせようとする人に、お金を払ってカウンセリングを受けようと考える人はいないのです。

何でもかんでも人のせいにして終わらせようとする人は、そもそもカウンセリングに行こうなんて思いませんからね（笑）。

うちの介護事業所に通ってくるみなさんは、かなり重度です。でも、家族の支えになり、私たち事業所の職員の心を癒やし、施設を訪れる一般の人たちを勇気づけています。

なぜ、私たちは勇気づけられるのでしょうか？

現状を誰のせいにもせず、与えられたもののなかで淡々と精一杯生きようとしているからです。

「かわいそう」という言葉を口にする人間には、２種類のタイプがあります。

怒りをぶつけて人をコントロールしようとするタイプと、同情を引いて人をコントロールしようとするタイプ。

この２種類のタイプとは、できるだけ付きあわないほうがよいのです。

どちらもそばに近寄るだけで、明るく楽しく生きる活力を奪われますから。

もしあなたが「かわいそう」という言葉を頻繁に口にするタイプであれば、不満があると怒りをぶつけて人を動かそうとするか、同情を引いて人を動かそうとするかどちらかの傾向が強いということです。

「かわいそう」は、相手に対する「自分の力では生きていけない人」というレッテル貼りなのです。

それは、上から相手のことを見ているのに、あたかも同情心のあるいい人を演じているにすぎません。

また、「かわいそう」と思われることで気持ちが安定する人も、同情心を煽ってやれば相手の気分がよくなって、こちらの思いどおりに動くだろうという、いやらしい計算があり、やっぱり同じように上から相手のことを見ているのです。

需要と供給があって成り立っている関係ですが、私から見れば、狐《きつね》と狸《たぬき》の化かしあいです。

「かわいそう」と思われることを望むのではなく、自分はこうしたいから「手伝ってください」と前向きな言葉と思いを発信したらどうですか。

「かわいそう」と思うのではなく、一緒に生きていくために、「私には何ができますか?」と対等な気持ちで一歩前に踏みだしてみたらどうでしょうか。

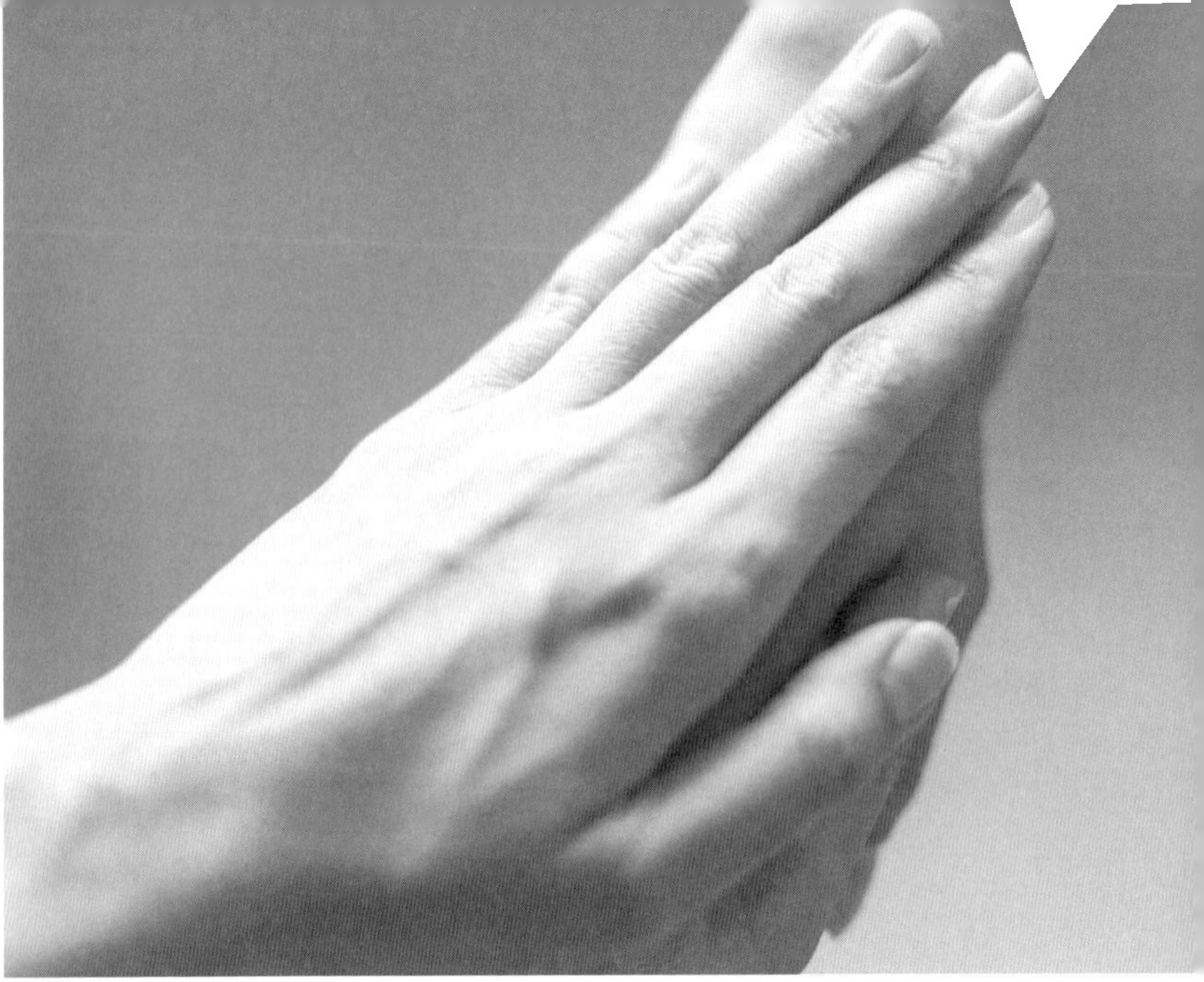

「かわいそう」と思われることを
望むのではなく、
自分はこうしたいから
「手伝ってください」と
前向きな言葉と思いを
発信したらどうですか。
「かわいそう」と思うのではなく、
一緒に生きていくために、
「私には何ができますか？」と
対等な気持ちで一歩前に踏みだ
してみたらどうでしょうか。

自分は「生きていていい存在」だと思うこと

カウンセリングに訪れる中学生や高校生から、たまにこんな質問をされることがあります。

「どうして人は生きなきゃいけないんですか？　なぜ死んだらダメなんですか？　僕らには死ぬ権利はないんですか？」

こんな難しいことを言われたら、さすがに言葉に詰まってしまいます。

自殺はいけないって当たり前のように言われますが、なぜ自殺がいけないのか、みなさんはわかりますか？

地球上における最大の復讐《ふくしゅう》方法って、自殺なんです。

その人のことを愛し、大切にしてくれた人たちの心に死ぬまで罪悪感を植えつけて悲しませるのですから。

それほど愛する人たちを悲しませておいて、自分は死んだら楽になれるなんてことは道理がとおらず、自殺した人自身もさらに辛い思いをし、誰ひとり救われることがないのです。

「自分なんて生きていてもしょうがない。どうして自分みたいなダメな人間が生きつづけなきゃならないんだろう？　もう耐えられない……」と、生きる勇気と自信を失くしている人もいるでしょう。

ここでちょっと視野を広げて考えてみてください。

毎日テレビや新聞や雑誌を見ても、パソコンを開いても、人の失敗ばかりがクローズアップされています。

失敗がこれほど溢《あふ》れているのは、世界というものは「失敗する人たちで成り立っている」ということなのです。

メディアで失敗を報道されたり叩かれたりしている人たちは、大抵私たち一般人よりも社会的地位や財産に恵まれ、優秀だとされている人たちです。その優秀な人たちでさえ、これだけ毎日失敗し、叩かれているわけです。

言葉や態度に出さないだけで、おそらくたくさんの勇気をくじかれ、自信を失いかけることだってあるでしょう。

そう、自信満々で生きている人なんて、世の中にはひとりもいないのです。
そう見せているだけ、見えているだけなのです。
この世界は、「自信のない人たち」で運営されているのです。
そういう世界だからこそ、みんな胸を張って生きればよいのです。

8歳の頃、母と一緒に私が生まれたときのアルバムを見ていました。

母は突然私を抱きしめ、「ちゃんとした体で産んであげられなくてごめんね……」と泣いたのです。号泣する母の姿を見て、私はとても驚きました。

その姿を見て、私は小学2年生ながら、こう心のなかで誓ったのです。

「母のせいではないのに、誰よりも辛い思いをしている母のために、これから何があっても障害が辛いとか、生きるのが辛いなどということを言わない」

人はなぜ自分で命を絶ってはいけないのか？
なぜ最後まで生きなければいけないのか？

「自分のことを愛してくれている人たちがずっと笑顔でいるため」に、生きなければならないのです。

これが私の答えです。

自分ひとりのためだけに生きることって、とっても味気ないし、寂しいし、あまり意味がないものです。でも、大切な人たちがいるから、その人たちのために生きようと「それぞれお互い」がしてきた結果、人類の歴史が脈々と築かれてきたのです。

私の肉体は医学的にはもう限界を超えており、いつ死んでもおかしくない状態ですが、まだまだ生きると思います。
なぜなら、まわりにいる大勢の人たちから「生きることを望まれている」からです。

まわりにいる人たちが、「池谷さん、生きていてね！」という熱い思いを送ってくれるからこそ、私は「最後の最後まで徹底的に生き切ってやろう！」と思うのです。

何もできなくたって、失敗ばかりの自分だっていいじゃないですか。
みんな同じ思いを抱えて生きているのです。生きてるだけで丸儲《もう》けっ!!　生きてるだけで偉いのです。

あなたも私も「生きていていい存在」であり、「生きていなければならない存在」なのです。

「自分のことを
愛してくれている人たちが
ずっと笑顔でいるため」に、
生きなければならないのです。

人と比べたくなったら「自然」に触れてみる

私が小学1年生から高校3年生まで通った静岡県立西部特別支援学校には、様々な障害を抱えた生徒が通っていました。

脊髄《せきずい》性筋萎縮症という私の病気もかなり珍しい病気でしたが、世界的にも症例数が非常に少ない病気を抱えている生徒もいましたし、「どこに障害があるの？」と思っちゃうくらい元気に走りまわっている生徒もいました。一時的に治療のために、普通校から転校してくる生徒も多くいました。

普通校では考えられないくらい、バリエーションに富んだ個性豊かな面々がいて、まさしく人種の坩堝《るつぼ》といった感じでした。

私はこの特別支援学校の生活をとおして、
「人はお互いに補いあって助けあっていくものである」ということを学びました。

体は動かないけれど頭がよい生徒は、勉強を見てあげたり、生徒会や学校行事の先頭に立って企画をし、みんなに指示を出す。

体は動くけれど知的な障害のある生徒は、車椅子を押したり身のまわりの世話をしたり、ときには食事介助やトイレの介助だってやっていたのです。

そうやって補いあって、ある意味「特別支援学校という世界」のなかでは完璧に調和がとれていました。

もちろん、特別支援学校といえどもケンカもあり、いじめのようなこともありましたが、基本は「助けあい」「補いあい」を軸に調和していたのです。

でも、社会に出て愕然としたのは、当たり前だと信じてきた助けあいという意識が、思っていた以上に希薄だったことです。

どうして世の中の人たちは、誰かが困っていても助けてあげないんだろう？　欠点を指摘しあったり、気に食わないからといって排除しあっちゃうんだろう？　と腑《ふ》に落ちないことが多々ありました。

人と比べて優劣を競いあうこと自体に何の意味もないのです。

そうは言っても、やっぱり人と比べちゃう……と比べることを辞められない人は、どこでもよいので自然の豊かなところに出かけ一日中ぼーっと自然を眺めてみてください。

背の高い木もあれば、背が低くて細い木もあります。

鮮やかな色で咲いている花があれば、目立たないところでひっそりと咲いている花もあります。

様々な昆虫がいて、様々な鳥や獣がいて、すべての存在が他の存在のことをうらやましがらず、全体の調和のために自分の成すべきことを成していることに気づくはずです。

ヒノキは価値があるからといって、全部ヒノキになろうとしたら、あっという間に自然の摂理が壊れてしまいます。

ヒノキに価値を与えているのは人間であり、当のヒノキはそんなことはみじんも考えていないでしょう。

花は自分で動けないから、花粉を運んでくれる蜂に協力してもらうのです。そのかわり蜂はおいしい蜜を吸わせてもらっていますよね。

自然というのは、万事がそうやって補いあって生かしあっているのです。

私は自然を眺めるとき、そして、特別支援学校時代を思い出すとき、そうやって生きていくのが本来の人間の姿なんだろうな……と思うのです。

人と比べたくなって、自己嫌悪に陥りそうになったら、すぐに自然の豊かなところに出かけて、そこからあるべき姿を教わってきてください。

それにしても、人っておもしろいですね。

人間がつくった不十分極まりないものを法律とか規則という名前をつけて完璧だと思いたがり、本来は完璧であるものを自然と呼んでいるのですから……。あべこべとは、こういうことをいうのですね。

あなたが思っているほど、人はあなたを意識していない

人からどう思われているかが気になって仕方がないという人は、一見気が小さくて控え目なように思えますが、実は人のことを勝手に決めつけたり、ジャッジする癖が強い人です。

「女房の妬《や》くほど亭主もてもせず」という言葉があります。

浮気をしたことがある人に限って、パートナーも浮気していると勝手に思いこみ、パートナーの行動をチェックしたがるけど、実際は自分が思っているようなことはないし、パートナー自身そんなこと考えてもいない……ということはよくあることです。

これと同じで、人の目が気になって仕方がない人ほど、人のことをチェックし勝手にジ

ャッジしてしまうのです。

人が持つ欲求のなかに「所属欲求」というものがあります。大きな視点で見れば、私たちは地球というグループに所属し、日本というグループに所属し、地域、会社や学校、家族というグループに所属しています。

この所属欲求が保証されていないと、人はとんでもない不安と恐怖を抱くのです。

人が自分のことをどう思っているか気になって仕方がない人は、自分が属しているグループから排除されることを恐れています。恐れるからこそ、先に人をジャッジしてしまうのです。

そうしないと「自分はここにいていい存在だ」という安心感が持てないのです。そりゃそうです、人を勝手にジャッジするのをやめないかぎり、人も自分をジャッジしていると思いこんでしまうのですから……。

まわりの人に不快な思いをさせ、気に食わないことをしてしまったら排除されてしまうという恐れがあるから、常に人の顔色を見て言動をチェックし、警戒する必要があるのです。その警戒心が、ジャッジになってしまうのです。

でも、あなたが思うほど、まわりの人はあなたのことを意識してはいません。あなたが意識するから、まわりも同じように意識していると思うかもしれませんが、実際そんなことはないのです。

みんな自分のことで精一杯。

あなたの恐怖心や自意識過剰な面なんて意識していませんから、そんなことを気にして貴重な時間を無駄にするだけ損な話です。

もっと言ってしまえば、捨てる神あれば拾う神ありで、ひとつのグループにこだわらなくても、星の数ほど自分が所属できるグループというものはありますよ。排除されたらされたでそのときに考えればよいのです。

障害を持って生きているとね、本当にいろんな人の目が気になるものです。

障害があるということはその分、人の助けを借りて生きなければなりません。

助けを借りるというのは、表面的に見れば施しを受けるということであり、これは引け目に繋がる原因となります。

引け目から「申し訳ないな、自分は負担になっているな」と感じれば当然、いつ自分がこのグループから排除されるかを心配します。

だからいつも人の顔色に敏感になり、警戒しておく必要があるのです。捨てられないように……。

私も嫌というほどそういう経験をしてきましたからあえて言いますが、疲れるだけですから早くやめたほうがよいです。

人の目を気にし、顔色をうかがって生きるということは、誰かの奴隷となって生きることと同じ。誰かに「お前は奴隷になれ！」と言われたわけでもないのに、勝手に奴隷志願していただけなのです。

私はそう思ったら馬鹿馬鹿しくなり、もう誰の目も気にせず顔色もうかがわず、「やりたいことをやっていこう！」と自分のなかでプッツンすることができたのです。

ついでに言うと、人の目を気にしたり、人の行動をいちいちチェックして警戒するよりも、自分のために時間を使い、自分のやるべきことを淡々とやっている人のほうがグループから排除されることが圧倒的に少ないのです。

そのほうがグループにとって利益になるからです。

人のことを気にしてすぐに落ちこんだり、細かなことを気にしたりされたら、やっぱりグループにとっては迷惑になることのほうが多いのですから、排除されてしまうリスクを自ら高めていることになってしまうだけです。

さあ、自ら奴隷となるような生き方は、今日で卒業しましょう！

もう一度言います。

あなたが思っているほど、人はあなたを意識していない！

あなたの嫌いなところ、誰かに迷惑をかけていますか？

目がもうちょっとパッチリしていたらよかったのに……。

人前で緊張せずにしゃべれればいいのに、すぐにあがって顔が真っ赤になっちゃう……。

運動神経がもっとよかったら、いまよりずっと自分のことを好きになれたのに……。

もっと論理的に話すことができれば、自分の気持ちがうまく伝わるのに……。


自己肯定感が低いと、まわりから見て何も欠点ではないのに、勝手にいろんな部分が欠点に見えてしまいます。

「あそこが嫌い、ここが嫌い、もっとこうだったらいいのに！」と、ないものねだりの嵐を吹かせます。

でも、冷静になってよく考えてみてくださいね。

あなたが肉体的・精神的に嫌いだなと感じている部分って、誰かに迷惑をかけていますか？

飲むとすっ裸になって近所を走りまわる、悩みはじめると相手の都合におかまいなく朝まで電話をしてしまう……なんていうのであれば、それは迷惑な話です。

しかし、

ほとんどの人は自分で嫌いだと思っている部分で人に迷惑をかけていることって、そんなにないのです。

自分が勝手に「嫌いだ！　欠点だ！」と思いこんでいるだけの話で、まわりから見たら長所に映っていたり、チャームポイントやユニークな個性として映っていることも多いのです。

そもそも迷惑をかけてしまうことって、「得意な分野」や「自分が優れていると感じていること」においてなのです。

だから、

得意な分野や自分が優れていると感じていることほど、謙虚にならないといけないのです。

私は体が動かないので、あらゆることを人に頼まなければなりません。頼む際に、「申し訳ないな」とか「迷惑になっていなきゃいいけどな」なんて思うものです。

そういうことを妻の前で言うと、「迷惑だと思ったら、誰も直ちゃんの近くに来ないよ。みんな直ちゃんのそばにいたいから、頼まれることはむしろ嬉しいんだよ！」と、叱咤されます。

19歳のとき、私は1歳年上の看護師さんとお付きあいをしていたことがありました。初めての女性とのお付きあいで、自信もなかったし、若かったこともあって、こんなことを言ってしまったことがあったのです。

「俺と一緒に歩いていてはずかしくない？　迷惑じゃないかな？」

彼女は真剣なまなざしになって、こう言いました。

「迷惑だと思っていたら、デートなんてしないよ」

私は心からはずかしくなったものです。自身のくだらないプライドや、取るに足りないコンプレックスで、大好きな人の気持ちを試したのですから。

それ以来、

私は「相手が言葉で伝えてきたこと以外は事実としない」ことに決めたのです。

「あの人は本当は腹んなかでこう思ってんじゃないか？　裏の心理はこう思ってるよね？本心はそうじゃないよね？」と、ある程度推察することができたとしても、相手が言葉にして伝えてくるまでは事実として考えないようにしたのです。

だって、いちいち相手の腹のなかを考えて気を使うなんて、そんなこと面倒くさいし何が楽しいのでしょうか？

付きあっていれば別れるときが来ます。結婚して最後まで添い遂げたとしても、死によって別れるときが来ます。いまのうちにその不安を予測して準備しておこうなんてバカなことはしないことです。

確かにあなたが自分自身で嫌だと感じていることを、同じように嫌だと感じている人はいるかもしれません。だからって、大した問題ではないのです。

嫌だと感じながらそれをあなたにまったく伝えず、陰でこそこそとあなたの悪口を言うのであれば、そのほうがよほど嫌らしいのだから、そんな人とは付きあわなくていいのです。

欠点というのは、見方を変えれば全部長所になるのです。
また、長所というのは、見方を変えれば全部短所にもなります。
裏から見ても表から見ても1万円は1万円です。
裏から見たら5千円、なんてことにはならないのです。

あなたは、どこから見てもあなたです。
あなたが嫌いだと感じているところもあなたです。

だったら堂々と胸を張って、「これが私！」と楽しんでいればいいのです。楽しむ人には、よいことがやってきます。本当ですよ。

こんな体でもいまを楽しんでいる私が言うのだから、ちょっとでも信じてもらえると嬉しいですね。

おわりに

「私の人生は喜劇そのものである」

高校3年生のとき、「自叙伝を書く」という夏休みの課題が出されました。これは、そのときに書いた自叙伝のタイトルです。

当時の私は、かなり負けず嫌いな性格だったため、障害を持って生きることが悲しいこと、辛いこと、人よりも劣っていること、と感じながら生きることがとても嫌でした。障害があっても自分は健常者に絶対に負けない！という背伸びをして生きる気持ちがとても強かった頃で、この自叙伝のタイトルにつけた「私の人生は喜劇そのものである」というフレーズは完全なハッタリであり、どこか負け惜しみに近いような感情がありました。

しかし、いま、私は自分の人生は心から「喜劇そのものだ！」と感じることができています。

喜劇は人を笑わせ、癒し、明日への希望と勇気を与え、また演じる側の人間も笑ってくれる人たちを見て元気になり、生きていく誇りと希望を持ちつづけることができます。

様々な苦労や困難を乗りこえてきたからこそ、笑うこと、楽しむことで道が開けていくのを信じることができます。

カウンセラーとして、経営者として、夫として、父として、そしてひとりの人間としてそういった生き方ができている私の人生は、「名実ともに喜劇になった！」と心から胸を張って言うことができます。

私たちの人生は、考え方ひとつで幸せにも不幸にもなります。

考え方が変われば、行動が変わってきます。

考え方が変われば、選択も変わります。

いままで何となく生きづらさを感じて生きてきた人は、いままでとは違った考え方、行動、選択をしていくことで、まったく違った人生の扉が開きはじめるのです。

「幸」という字を逆さまにして書いてみてください。

「幸」という字は、逆さまに書いてみてもやっぱり「幸」なんですね。

ということは、私たちは紛れもなく考え方ひとつで幸せを感じて生きていくことができるということなのです。

私は自分のことを「障害者という職業に就いている」とも思っています。職業ですから、社会の人たちに対して、何らかの貢献をしなければなりません。

私ができる最大の貢献とは、私自身の生き方や考え方、経験をとおして、「こうすればもっとみんなハッピーになれるよ！」という方法を声にして、文章にして、みなさんにお届けしていくことだと思っています。

今後もライフワークのひとつとして、生きつづけることができるかぎり、渾身のメッセージをみなさんにお届けしていくつもりです。

この本を手に取ってくださったみなさんの気持ちが少しでも楽になり、自分らしく毎日を輝いて生きてくだされば、これほど幸せなことはありません。

この本と出合ってくださったすべてのみなさんとかけがえのない縁に心から感謝いたします！　出合ってくれてありがとう！

最後に、出版するにあたりお世話になった方々にお礼を言わせてください。

一緒に本の企画・構成を考え、プロデューサーとして出版を現実のものに導いてくれたコンセプトワークス株式会社の天田幸宏さん。執筆に関して素人同然である私に興味を持ち、オファーをくださった実務教育出版のみなさん。私の個性を十分に引きだし、絶妙な味つけをしてくださった担当編集者の堀井太郎さん。浜松まで写真撮影のために来てくださりすてきな写真を撮ってくださったカメラマンの高橋郁子さん。私が自由に執筆活動に打ちこめるよう、法人運営をみんなで盛り立てていってくれた17名の職員さん。純真無垢な笑顔でいつも私を元気にしてくれている利用者さん。どんなときにも信頼して応援してくれる仲間のみんな、同業者のみなさん。こんなに幸せな人生を生きる力が持てる人間に育ててくれた母、そして最高に優しさにあふれた家族。

そして、世界一私のファンであり、辣腕プロデューサーとして人生を180度変えてくれた妻・真苗、かけがえのない宝物である息子・梁……愛しているよ！　ありがとう！

2018年1月

池谷直士

池谷 直士（いけや　なおひと）

心理カウンセラー。11年間で延べ5000人超の心の悩みに寄り添う。過去の無力、無気力経験を隠すことなく引きあいに出すことから、「相談しやすい」「話をするだけで元気になった」「自力で物ごとが解釈できるようになった」といった声が寄せられる。

生まれつきの難病である脊髄性筋萎縮症を抱え、医師から5歳の命と宣告される。高校卒業後は何年か会社員になるも、20代半ばから35歳までニートとして無力、無気力な日々を送る。34歳のとき、ボランティアサークルで知り合った医師と結婚。一男に恵まれる。

その後、ほぼ独学でありながら心理カウンセラーとして独立開業。自らの思いや体験を赤裸々に綴ったブログの影響などもあり、一躍人気カウンセラーに。2010年4月、浜松市で医療的ケアを行う重症心身障害者の通所施設、訪問介護、カウンセリング事業を行うNPO法人Harmonyを立ち上げ、理事長に就任。カウンセラー、経営者、父親という3つの顔を持つ現在、講演や執筆活動なども精力的に行う。

企画協力／天田幸宏（コンセプトワークス株式会社）

こう考えれば、
もう少しがんばれる

2018年2月25日　初版第1刷発行

著　者　池谷直士
発行者　小山隆之
発行所　株式会社 実務教育出版
〒163-8671　東京都新宿区新宿1-1-12
電話　03-3355-1812（編集）　03-3355-1951（販売）
振替　00160-0-78270

印刷／壮光舎印刷　　製本／東京美術紙工

ISBN978-4-7889-1465-0　C0011